지시사 '고소아' 용법과 지도연구

指示詞コソア用法と指導の研究

宋晩翼 著

어문학사

▌저자소개

宋 晩 翼

東京学芸大学大学院　修士課程修了
広島大学大学院　博士課程修了
教育学博士(日本語教育)

한밭(ハンバット)大学校 学生生活研究所長、
大学新聞放送局主幹教授、
大学出版部長、
学生処長歴任、
現在 한밭(ハンバット)大学校　日本語科　教授、
韓国日本文化学会　会長

指示詞コソア用法と指導の研究
지시사 '고소아' 용법과 지도연구

초판 1쇄 발행일 2008년 10월 31일

지은이 송만익
펴낸이 박영희
표지 강지영
편집 배혜영
책임편집 강지영
펴낸곳 도서출판 어문학사
　　　　132-891 서울특별시 도봉구 쌍문동 525-13
　　　　전화: 02-998-0094 / 팩스: 02-998-2268
　　　　홈페이지: www.amhbook.com
　　　　e-mail: am@amhbook.com
　　　　등록: 2004년 4월 6일 제7-276호

ISBN 978-89-6184-060-6 93730

정가 18,000원

※ 잘못 만들어진 책은 교환해 드립니다.

❙ まえがき

　筆者は中学時代(1960年代後半)から隣国であるが、近くて遠いと言われる日本という国について興味深かった。その理由は単純である。戦前の歴史的関係のために国民的悪感情を持っていたせいか、交流ところか日本について関心を持つことさえが忌み嫌われていたことが理解できなかったからである。即ち、過去の関係を乗り越えるためにもまともに日本を知ろうとする社会的雰囲気が感じられて当然なのだが、全然見受けられなかったことに疑問を持っていたわけである。その当時は日本、日本文化、日本語等に興味を持ってそれに接近したら、かえって愛国心がない者であるという扱いをされた気さえする。

　最近、韓日関係が、獨島(竹島)問題、靖国神社参拝、教科書問題などでギクシャクしている。ある意味では、両国の国民が一部の政治家、為政者によって振り回されているようでもある。以前から両国の交流がまともに行われ、それに伴う形で敏感な問題である獨島問題等についても両国の学者たちが突っ込んで研究したり話し合ったりしてきたのなら、今の状態までには至らなかったと思う。

　筆者は中学時代からの日本についての関心の延長として、7年間日本に留学した後、現在韓国の大学で日本語を教えている。もう20年近く日本語教育に携わっているが、日頃考えている次の二つの課題はいまだに解決されないままである。一つは、日本語について学習者の質問があったり学習者の誤用と接した時、それを上手に訂正できずに便宜的に答えたりあるいは答えに窮したりする場合があるが、なるべくすべての日本語の言語事項に対する明確な解明をしたいことである。それにはいかなる決まりがあるか、そして、韓国人学習者にどのように教えればいいかということである。もう一つは、日本語と日本人の言語生活から、日本を合理的に説明し理解し得る統一的なパラダイムを構築することである。例えば、日本人の「親切」とははたしていかなるものか。そして、言語行動に現れる「ウチとソト」「本音と建前」「決まりきった言い方」等とはどのような繋がりがあるか等のことである。

　本書は先の二つの課題の解決に向かう一過程とも言えるもので、本書の研究のきっかけは次の二点である。

　一つは、上級レベルの日本語学習者になっても日本語の指示詞コソアの用い方がおかしいとネイティブの日本語教師から良く言われる。しかし、そのおかしさというのはいかなる誤用現象であるか解明されていない。もう一つは、日本語の指示詞コソアは、同じ三通りの表現形式を取っている韓国語の指示詞「이(i)・그(gue)・저(jeo)」とあまりにも似ているとも言われる。しかし、その類似性に頼りすぎているせいか、お互いの異同に関する実体はまだ明らかではないようである。

　そこで、上のような問題意識に基づいて指示詞コソアの意味用法の解明とともに韓国人日本語学習者の指示詞コソアの指導に的を絞り研究をしたいと考えるようになったのである。

　その結果、本書では、韓国におけるコソア教育の現象を概観し、新たなコソア用法モデルの提示とともに韓国語の 指示詞「이(i)・그(gue)・저(jeo)」との異同を明らかにする。そのうえで、習得状況を選択肢テストと会話による調査で明らかにして、指導のための使い分けと段階的指導法を提示している。

　これらは筆者の博士論文に修正を加えて一冊の書としてまとめたもので、足りない点がまだ多くあると思う。この書を読まれる方々のご指導とご批判を謙虚に受け止め、今後引き続けて研究の発展を図りたい。最後に、本書の出版を引き受けて下さった図書出版語文学社の関係者の皆様に深く感謝の意を表したい。

2008年8月

ハンバット大学の研究室にて　宋 晩 翼

| 目　次

┃ 凡　例

(1) 例文出典は例文ごとに表すが、記していない例文は著者の作例である。
　　また、各例文の下線は筆者がつけたものである。例文出典表記は出典の
　　著者、発行年、頁だけを記する。例えば、「(田窪、1987:106)」の場合は、
　　田窪が1987年に出した論文或は著作の106ページにある例文を引用してい
　　るということである。
(2) 例文の前にある「*」印はそれがついた語、句、文が非文法的であることを
　　表す。また、「?」印は不自然であることを表す。
(3) 韓国語のローマ字表記は、2000年7月に改訂された韓国の文化観光部(国
　　立国語研究院)告示の「ローマ字表記法」に従うことにする。
(4) 本稿では、形態素「こ」を語頭に持つ指示詞のグループを単にコと称す
　　る。そして、形態素「そ」を語頭に持つ指示詞のグループを単にソ、形態
　　素「あ」を語頭に持つ指示詞のグループを単にアと称する。

第1章

序　論

1-1 研究の目的

　日本語と韓国語は他の言語より良く似ていると言われる。ことに、語順を始めとする文の構造、主語や動詞をよく省くこと、単複数の区別の曖昧さ、関係代名詞のないことなどは非常に似ていてほとんど並行的に捉えることができる。しかし、あまりにも似ているように見えるその類似性に頼りすぎる安易な姿勢によって、お互いの言語の相違を見過ごしてしまう恐れがある。その例の一つが、外形上では同じ三通りの表現形式を取っている日・韓両指示詞コソアと「이(i)・그(gue)・저(jeo)」との使い方である。

　梅田(1982)、田窪(1987)も指摘しているように、韓国人に日本語を教えているネイティブの日本語教師は"上級レベルの日本語学習者になっても指示詞コソアの使い方に誤用が見られる。"とよく言う。日本語の教科書では、指示詞コソアは必ずと言っても良いほど初期に導入されているにも拘わらず、その誤用は中級や上級の学習者まで観察されているからである。その原因は一体何か。

　そこで、本研究では、韓国における日本語学習者に対する望ましい指示詞コソアの指導法を探るために、(1. 1)の五つを目的として研究を進める。

　(1. 1) 本研究の五つの目的
(1) 現在、韓国の大学で行われている指示詞コソア教育の現状を概観し、問題点を探る。
(2) 指示詞コソアについての先行研究をふまえた上で、新たなコソア用法モデルを提示する。

(3) 新たに示した「場」の状況別コソア用法と韓国語の「이(i)・그
　　(gue)・저(jeo)」との異同を明らかにする。

(4) 学習者の指示詞コソアに関する習得状況を、横断的調査研究
　　である選択肢テストと会話による調査とで明らかにする。

(5) 指導のための指示詞コソアの使い分けと「場」の状況別段階的
　　指導法を提示する。

1-2　研究の方法と構成

　(1. 1)で述べた5項目の目的を遂行するために、以下の方法と研
究過程に重点を置き、研究を進める。

【1】韓国の大学で使われている42種類の日本語教科書を分析
　　し、韓国で教えている13人の日本語教師についてコソア指
　　導法を調査概観し、現在の韓国におけるコソア教育の問題
　　点を探る。(第2章 韓国における指示詞コソア教育の現状)

【2】韓国におけるコソア教育の問題点に基づいた理論的研究と
　　して、コソアに関する先行研究を踏まえた上で、「場」の状
　　況別用法という新たなコソア用法モデルを提示する。そし
　　て、その「場」の状況別コソア用法に基づいて韓国語「이(i)・
　　그(gue)・저(jeo)」との異同を明らかにする。(第3章 指示詞コ
　　ソアに関する先行研究、第4章日本語教育のための「場」の
　　状況別指示詞コソア用法)

【3】新たに提示された「場」の状況別コソア用法の習得に関して
　　選択肢テストと会話による調査分析を行い、学習者のコソ

アの習得状況を明らかにする。選択肢テストの場合は、コ
ソアの使い分けに関する同じ設問テストを8年の間をあけて
2回にわたって行い、学習レベル別習得の傾向と特徴を明ら
かにする。会話による調査の場合は、OPIの測定方法によっ
て44人の本語学習者のコソア運用能力を調査する。(第5章
韓国における指示詞コソアの習得)

【4】新たな「場」の状況別コソア用法と習得の現状に基づいて指
導方針を決め、学習が困難とされる「ソとアの使い分け」と「コ
の用い方」とを指導の観点により検討した後、「場」の状況別
コソア用法の段階的指導法を提示する。最後に、コソア教
育の具体的な実施指導案として「モジュール型教材による指
導」を示す。(第6章 指示詞コソアの使い分けとその指導、
第7章 韓国における指示詞コソアの指導)

【5】最後に、総合的考察と今後の課題について触れることにす
る。(第8章 結論)

　以上、研究方法と過程に重点をおいて本研究の進め方について
述べたが、本論文の全体構成を図示すると次の(1.2)のようにな
る。

（1. 2）論文の全体構成図

第1章 序論
研究の目的・方法
第2章
韓国のコソア教育の現状
第3章
指示詞コソア用法の先行研究
第4章
①「場」の状況別用法の設定
② 韓国語の指示詞との比較対照
第5章
会話による
習得状況の調査
第5章
選択肢テストによる
習得状況の調査
第6章
指示詞コソアの使い分けとその指導
第7章
「場」の状況別指示詞コソア用法の段階的指導
モジュール型教材による指導
第8章
総合的考察・今後の課題

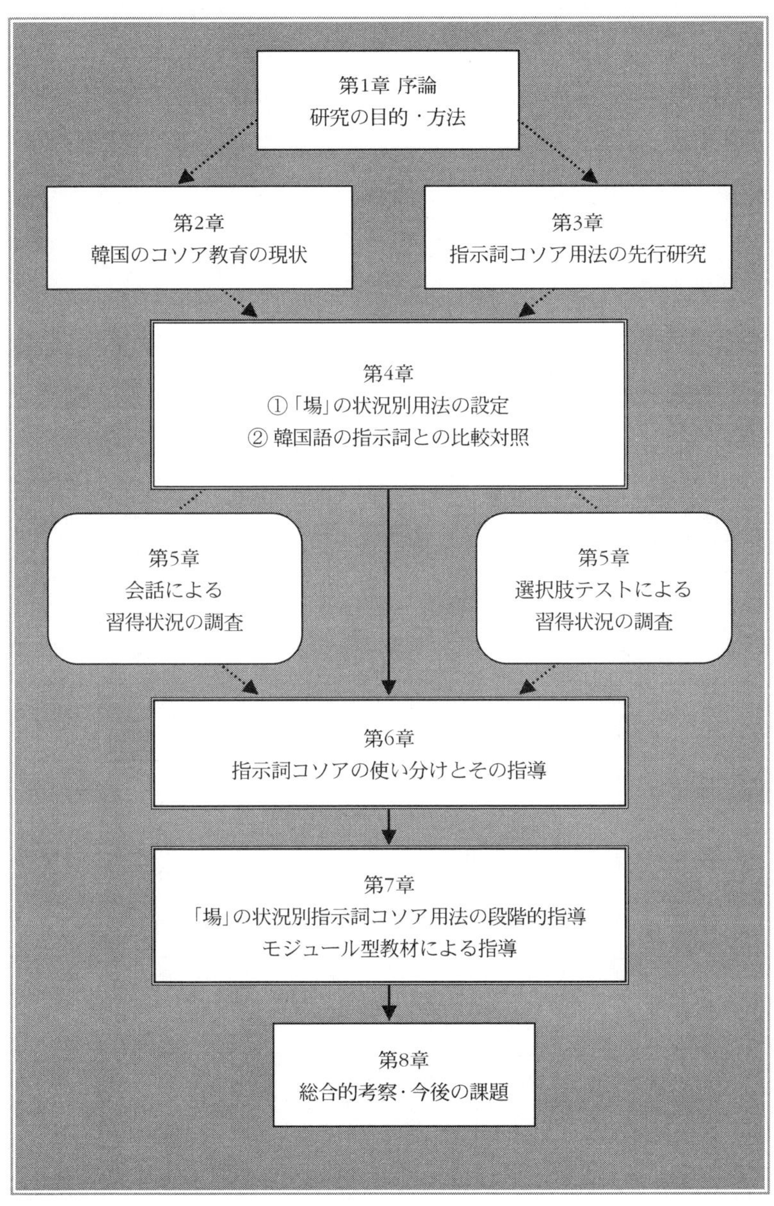

第2章

韓国における
指示詞コソア教育の現状

　ここでは、韓国人学習者の指示詞コソアの使い方の実態を踏まえて、現在韓国の大学で行われているコソア教育の現状を日本語教科書の分析と教え方の分析に分けて明らかにする。

2-1　問題提起

　「上級レベルになってもコソアの使い方がおかしい。」これは先述したように、韓国人学習者に日本語を教えている日本人の教師から良く聞かれる言葉である。

　例えば、(2.1)、(2.2)、(2.3)のアをソにしてしまったり、(2.4)、(2.5)、(2.6)、(2.7)のソをアにしてしまったりすると言われている。一見、(2.1)、(2.2)、(2.3)のアをソに間違うのは、両語の相違点に気づかずに、韓国人学習者の母語依存型学習によって誤ってしまった指示表現であると取り敢えず理解できる。しかし、(2.4)、(2.5)、(2.6)、(2.7)のソをアに間違うのは疑問が残る。なぜなら、母語依存型表現であったら当然間違うはずがないからである。

　　(2.1)　(昨日食べたフランス料理の味が忘れられなくて一人でつ
　　　　　ぶやく)<u>あの</u>料理は本当にうまかったなあ。
　　(2.2)　A：<u>あれ</u>どうなりましたか？
　　　　　B：ああ、<u>あの</u>計画書、出しました。(梅田、1982:182)
　　(2.3)　(日本人は韓国人に)*<u>それ</u>(→あれ)がある？*<u>それ</u>(→あれ)
　　　　　がない？とか(聞くんですよ)、韓国もなんでもないわけ
　　　　　ないですよ。(迫田、1998:142)

(2. 4) 私の中学時代、英語がとても下手な人がいたんですが、
その人が今回英語上達法という本を出したんです。

(2. 5) A：私、車の免許をとりました。
B：それはいつのことですか。

(2. 6) そうすればお金がなくなるでしょう。その時どうします
か。(田窪、1987:106)

(2. 7) 沖縄から来た女の人は、大きなオートバイ乗るんです
よ、大きいですよ、オートバイが大きくて*あの(→その)
女の子も大きい。(迫田、1998:143)

また、(2. 8)のソを、ソでなくアであるべきだという学習者も多
いし、(2. 9)、(2. 10)のアをあり得ない用い方であるという上級の
学習者も多いようだ。

(2. 8) 客：運転手さん、そのビルの前に停めてください。
運転手：はい、そこですね。

(2. 9) A：山田太郎先生って、どんな方でしたか。
B：あの先生はとてもやさしかった。

(2. 10) A：この本、ミラーさんという人が書いたそうなんです
が、どこの人ですか。
B：君、あの先生を知らないのか。
(金水・田窪、1992:115)

そこで、ここでは韓国における日本語学習者の指示詞コソアの
習得の問題点を探る第一歩として、現在韓国で行われているコソ

ア教育の現状を、日本語教科書の分析と教え方の分析に分けて概観してみる。

2-2　教科書に見るコソアの扱い

　韓国の大学の日本語教育に使われている42種類の教科書(初級用22、中級用16、上級用4種類)の中で、文法・文型項目としてのコソアがどのように扱われているかを調べてみた。その結果は(2.11)のようである。

　どのようなシラバスの教科書であろうと、コソアの文法・文型項目は初級用の入門期に取り扱われている。初級用22種類の中で21種類(95%)の教科書でコソアの現場指示用法が提示されている。その中身を見ると、現場で知覚できる指示対象の指し示し方を「縄張り説」(話し手の領域はコ、聞き手の領域はソ、その他はアで指し示すという説)あるいは「距離区分説」(近称はコ、中称はソ、遠称はアで指し示すという説)をもって示している。そして漢字仮名混じりとハングル(韓国語)文字が混用して表記されている教科書の場合、ほとんど両語の指示詞を対照させて、「コ」が「이(i)」に「ソ」が「그(gue)」に「ア」が「저(jeo)」に対応しているとしている。

　しかし、文脈指示とか非現場指示と言われるコソア用法はあまり見つからない。全体42種類の教科書の中で、初級用１種類と中級用4種類にソとアの「共有知識説」だけが提示されている。他の37種類(88%)の教科書は文脈(非現場)指示に関するコソア項目は全然扱っていない。「共有知識説」とは、普通(2. 12)、(2. 13)のように両者(話し手と聞き手)がともに指示対象を知っていると想定している時アを用い、(2. 14)、(2. 15)のようにそうでない時ソを用いるという概念規定のことである。

(2. 11) 教科書からみたコソア項目の扱い

番号	教科書名	出版(国)	学習レベル	出版(年)	出版社	著者	現場指示	文脈(非現場)指示
1	新編日本語	韓国	初級	1993	蛍雪出版社	李賢起	両指示詞の対照、距離区分	なし
2	NETWORK日本語	〃	〃	1997	시사일본어사	韓日日語日文学会	両指示詞の対照、距離区分	なし
3	현대일본어연구 I、II	〃	〃	1995	不二文化社	인하대	両指示詞の対照、距離区分、縄張り	なし
4	大学日本語	〃	〃	1993	蛍雪出版社	박정의	両指示詞の対照、距離区分	なし
5	みんなの日本語	〃	〃	1999	시사일본어사	田中よね他	両指示詞の対照、縄張り	なし
6	日本語会話	〃	〃	1994	일본어뱅크	박순애他	両指示詞の対照、距離区分	なし
7	일본어회화입문	〃	〃	2001	제이앤씨	전성용	両指示詞の対照	なし
8	실용일본어 초급회화	〃	〃	2001	다락원	吉本一	両指示詞の対照	なし
9	20과로 된 진명일본어회화	〃	〃	1999	진명	박혜성	両指示詞の対照	なし

番号	教科書名	出版（国）	学習レベル	出版（年）	出版社	著者	現場指示	文脈（非現場）指示
10	日本語初歩(国際交流基金)	日本	〃	1986	凡人社	鈴木忍 他	距離区分、縄張り	なし
11	大学教養日本語	韓国	〃	1994	蛍雪出版社	閔聖泓 他	両指示詞の対照、距離区分	なし
12	커뮤니케이션 일본어1	〃	〃	2001	사람in	박순애 他	両指示詞の対照、縄張り	なし
13	처음 in 일본어1	〃	〃	2001	사람in	関陽子	両指示詞の対照	なし
14	日本語初級 読解	日本	〃	2000	アルク	因京子 他	なし	なし
15	現代日本語	韓国	〃	2000	不二文化社	黄虎哲	両指示詞の対照、距離区分	なし
16	文化初級日本語 Ⅰ、Ⅱ	日本	〃	1991	凡人社	文化外国語専門学校日本語科	縄張り	共有知識
17	絵でマスター	〃	〃	2000	凡人社	村野良子	縄張り	なし
18	일본어 표현노트 (기초편)	〃	〃	2001	다락원	宮本淳 他	縄張り	なし
19	大学日本語	韓国	〃	1994	蛍雪出版社	金順槙	両指示詞の対照、距離区分	なし
20	大学教養日本語	〃	〃	1993	蛍雪出版社	孫大俊 他	両指示詞の対照、距離区分	なし

番号	教科書名	出版(国)	学習レベル	出版(年)	出版社	著者	現場指示	文脈(非現場)指示
21	PRO 니홍고	〃	〃	1997	시사일본어사	민영수他	両指示詞の対照	なし
22	Top Japanese 1、2	〃	〃	2001	시사일본어사	송미혜他	距離区分、縄張り	なし
23	日本語中級	〃	中級	1997	시사일본어사	関正昭他	両指示詞の対照	なし
24	日本語会話中級	〃	〃	2001	다락원	二日市状他	なし	なし
25	中級から学ぶテーマ別日本語	〃	〃	1994	研究社	荒井礼子他	なし	なし
26	現代日本語コース中級Ⅰ、Ⅱ	日本	〃	1989	名古屋大学出版会	名古屋大学総合言語センター	なし	共有知識(回想)
27	日本語中級読解入門	韓国	〃	2000	다락원	富岡純子他	なし	なし
28	日本語初中級	日本	〃	1997	スリーエーネットワーク	名古屋YWCA教材作成グループ	距離区分(殊に、中称のソ)、縄張り	共有知識
29	COUPLE JAPANESE	〃	〃	1998	武蔵野書院	秋豆美晴他	なし	なし
30	비즈니스일본어	韓国	〃	1999	시사일본어사	민영수他	なし	なし

番号	教科書名	出版(国)	学習レベル	出版(年)	出版社	著者	現場指示	文脈(非現場)指示
31	日本語で学ぶ日本語	日本	〃	1995	大修館	黒羽宋司	距離区分	共有知識
32	日本語中級	〃	〃	1991	東海大学出版会	東海大学留学生教育センター	なし	なし
33	中級日本語 I 、II	韓国	〃	1997	韓国外国語大学校出版部	日本語科教材編纂委員会	なし	なし
34	季節で学ぶ日本語	日本	〃	2001	アルク	寺田和子他	なし	なし
35	日本語表現文型200	〃	〃	2000	〃	友松悦子他1	距離区分、縄張り	共有知識
36	日本語表現文型中級 I 、II	〃	〃	1995	凡人社	筑波大学日本語教育研究会	距離区分	なし
37	도쿄현장일본어	韓国	〃	1998	不二文化社	이성규	なし	なし
38	日本語読解	〃	〃	1992	蛍雪出版者	鄭昌銅	両指示詞の対照、距離区分	なし
39	日本語上級読解	日本	上級	2000	アルク	柿倉郁子他	なし	なし
40	日本語上級ジャンプ	〃	〃	1995	研究社	長田龍典他	なし	なし

番号	教科書名	出版(国)	学習レベル	出版(年)	出版社	著者	現場指示	文脈(非現場)指示
41	自然な日本語Ⅱ	〃	〃	1991	凡人社	桜井晴美	なし	なし
42	日本語教科書上級	日本	〃	1988	早稲田大学印刷所	早大日本語研究教育センター	なし	なし

(2.12) A：今朝田鹿君に会った。あの人は随分変わった人だね。

B：そう、<u>あいつ</u>は変人ですよ。

(2. 13) A：君、<u>あの</u>件は片付いたかい。

B：はい、片付きました。（堀口、1978b:34）

(2.14) A：おいしいレストランを見つけたんですが、一緒に行ってみませんか。

B：ええ、<u>それ</u>はどこにあるんですか。（今井、1995:68）

(2.15) ぼくの友だちで酒が一滴も飲めない鈴木ってのがいるんだけど、<u>そいつ</u>の奥さんがすごい飲んべえなんだ。（金水、1990a:64）

2–3 コソアに関する指導方法

　韓国の大学で教えている13人の日本語教師に、コソア用法の指導法について質問紙調査を行った。[1]その結果を整理すると(2. 16)のようである。

(2. 16) コソア用法の指導法についての質問紙調査の結果(n=13)

1	現場指示を教える。	12/13	92%
2	非現場(文脈)指示を教える。	7/13	54%
3	コソア用法には現場指示と非現場(文脈)指示があるので、その指導は現場指示用法と非現場指示用法に分けて教える。	7/13	54%
4	現場指示は「距離区分説」だけで教える。	2/13	15%
5	現場指示は「縄張り説」だけで教える。	2/13	15%
6	現場指示は「距離区分説」と「縄張り説」の両方とも教える。	3/13	23%
7	現場指示は「コ」が「이」に「ソ」が「그」に「ア」が「저」に対応していると教える。	5/13	38%
8	非現場(文脈)指示を教えるが、場当たり的に教える。	4/13	31%
9	非現場(文脈)指示は「共有知識説」で教える。	5/13	38%
10	非現場(文脈)指示は「共有知識説」と「回想説」で教える。	1/13	8%

---

1) 回収した13人の日本語教師のアンケート結果は付録の「資料一覧」に示す。

　ほとんどの日本語教師によって、コソアの現場指示用法の指導
が行われている。その方法を見ると、「距離区分説」と「縄張り説」
が各々2人(15%)ずつ、両説をともに教えると答えた日本語教師が3
人(23%)である。そして、38%に当たる5人の日本語教師は韓国語
の指示詞「이(i)・그(gue)・저(jeo)」と比較して、「コ」が「이(i)に「ソ」
が「그(gue)」に「ア」が「저(jeo)」に対応していると教えるという。

　しかし、実は対応していない場合もあるわけで、例えば例文(2.
8)のような中称のソは「그(gue)」ではなく「저(jeo)」に対応している
のである。そのことを指導に含んでいる教師は1人(8%)だけであ
る。あとの教師はそのことを見逃したりあるいは省いたりするよ
うである。

　そして、現場指示用法とともに非現場(文脈)指示用法も教える
と答えている日本語教師は7人(54%)だけである。非現場指示を教
えていない、あるいは、言及を控えている教師が6人(46%)もい
る。しかも、教えている教師7人(54%)の中4人(31%)は、大体学習
項目として取り上げるのではなく日本語を教える際に、たまたま
出てきたソとアに出会うたびに「共有知識説」、あるいは「回想説」
で韓国語の「그(gue)」に当るソとアの使い分けを教えるという。こ
こで言う「回想説」とは(2. 17)、(2. 18)のように聞き手が知らない
対象でも過去の知識・経験のイメージを強く引き起こしたいと想
定した時アを用いるという概念規定のことである。

(2. 17)　今朝、駅前で事故があったんだ。<u>あの</u>様子じゃ運転手
　　　　も怪我したんじゃないかな。

(2. 18)　Ａ：バスの中で、素敵な人に会ったわよ。

　　　Ｂ：ふふん

　　　Ａ：<u>あの</u>人にもう一度会えないかしら。（『現代日本語
　　　　　コース中級Ⅱ』、1989:235）

　以上のように、使われている日本語教科書の内容構成の面においても、日本語教師の教え方においても、充分なコソア教育が行われているとは言えない。

　指導の現場では、現場指示のほとんどのコソア用法と非現場指示のコの用法は、韓国語の「이(i)・그(gue)・저(jeo)」とある程度対応していて、概念理解が難解であるとは言えない。しかし、韓国語の「저(jeo)」に当ると言われる現場指示の中称のソと、非現場指示のソとアの使い分けは、韓国人学習者にとって難解である（姜桂千(1992)、柳済權(1984)等参照）。即ち、(2. 19)と(2. 20)のような中称のソ、「共有知識説」あるいは「回想説」では説明が難しい(2. 21)と(2. 22)、過去の知識・経験と関わらない別の非現場指示用法である(2. 23)、(2. 24)のような用い方も指導しなければならないし、学習項目化して取り扱うべきであろう。

(2. 19) もう秋が<u>そこ</u>まで来ていますね。

(2. 20) Ａ：お出かけですか。

　　　　Ｂ：はい、ちょっと<u>そこ</u>まで。（金水、1987:62）

(2. 21) 今日デパートでいいバッグ見つけたの。<u>あんな</u>の前からほしいと思ってたの。（今井、1995:66）

(2. 22) 総務課に田中って人がいるから、<u>あの</u>人に聞いてみたら？（迫田、1996:50）

(2. 23) もし人類が気軽に宇宙に行けるようになったら、<u>そこ</u>に
住んでみたいものだ。
(2. 24) 一目会った<u>その</u>日から愛の花咲くこともある。

2-4 コソア教育の問題点

以上、現在韓国で行われているコソア教育の現状について、大学で使っている日本語教科書の分析と日本語教師の質問紙調査から、問題点として以下の4点が明らかになった。

(1) コソアの意味や用法を体系的に扱っていない。
(2) 現場指示の中称のソ(例文(2. 8)、(2. 19)、(2. 20)等)と、非現場指示のソとア(例文(2. 12)～(2. 15)等)に関してほとんど触れられていない。
(3) 日韓両言語の指示詞コソアと「이(i)・그(gue)・저(jeo)」の体系の類似性に依存して教える傾向が見られる。
(4) 用法に関する概念規定が明確に示されていない。

以上のコソア教育の現状の概観から、韓国における望ましいコソア教育のために、体系的なコソア用法の設定とその指導法が要求される。

第3章

指示詞コソア
用法に関する先行研究

　ここでは、広義の指示詞コソアに関する先行研究をはじめ、「コ
ソア用法研究」の動向及び用法に関する主要研究の検討を行う。

3-1 コソアに関する先行研究の概観

　語頭にコ・ソ・ア・ドが来る日本語の'指示する言葉'を集め、「こ
そあど」或いは「指す語」・「指示詞」という名称で提示しているのは
佐久間(1936)である。そして、井手(1959)・時枝(1963)等でも、指
示詞を一つの文法論の領域として位置づけようとしている。

　それ以前の山田文法・橋本文法までの文法論の流れにおいて
は、形態上・構文上の問題から同じ範疇のものとして捉えられな
かった。「これ、それ、あれ」「ここ、そこ、あそこ」等に、「こ
う、そう、ああ」のような副詞的な機能の語も、「この、その、あ
の」のような連体詞的な機能しか持っていない語も一括して一つ
のグループとして認めるのは、整合性に欠けていると考えていた
からである。

　しかし佐久間以後、意味上・表現上の特徴(例えば、待遇する言
葉等)を語の分類基準の原理と考えるのが有力になって、話者を
軸にした関係把握の代表的な形式である'指示する言葉'のグルー
プが「指示詞」或いは「指示語」或いは「コソア」、「指示詞コソア」と
命名され今日まで用いられているのである。本研究では、「指示
詞コソア」と呼ぶことにする。

　このような日本語の指示詞は語形によって(3. 1)のようなパラダ
イムに整理することができる。[2] 但し、Dの「ド」系列は実質的な指

---

2) この(3. 1)のパラダイムは金水(1990b:23)に基づいて一部を筆者が付け加えたもので

示性を持っていない不定称の疑問詞であるので、指示詞の範疇から除外するのが一般的であり、本稿でもド系列は扱わないことにする。

(3. 1) 語形による指示詞コソアのパラダイム

	1	2	3	4	5	6	7	8
A	これ	ここ	こちら	こっち	こいつ	この	こんな	こう
B	それ	そこ	そちら	そっち	そいつ	その	そんな	そう
C	あれ	あそこ	あちら	あっち	あいつ	あの	あんな	ああ
D	どれ	どこ	どちら	どっち	どいつ	どの	どんな	どう

指示詞コソアに関する先行研究は次の3つの分野に大別することができる。

① (3. 1)のA〜Cの各系列が指し示す指示対象の使い分けに関する研究

② (3. 1)の1〜8の各系列が指し示す指示対象の意味・統語論的特性に関する研究

③ その他の研究

①については、指示詞コソアの研究はほとんどこの分野を中心にして行われてきたので、ある程度の豊富な研究史と多様な研究動向が伺える。本稿では、「指示詞コソア用法」という名を以って、この①の分野を中心に指示詞コソアの使い分けを検討する。

ある。その一部とは「こう、そう、ああ、どう」のことである。

具体的な指示詞コソア用法に関する研究の動向については「3-2」で
触れることになる。

　②の分野は、そう多くの研究実績と接することはできないが、
次のような研究を例として挙げることができよう。井手(1952)は
先行表現を指示する文脈指示詞の容態の種々を論じながら、漢文
訓読の影響が文脈指示詞の使用に多いに関与していることを指摘
している。松原(1967)はソンナとソウとの意味用法の違いを、木
村(1983)はコンナとコノとの意味用法の違いを、ひけ(1986)は接続
詞ソコデとソレデの違いを、文脈指示の実例の内容分析により検
討している。林(1972)はコンピュータによって処理された言語作
品の総索引を研究資料とした用例分析で、コノとソノの前後関係
と指示機能との関係を明らかにしている。高橋(1990)は指示詞の
意味が品詞別に文の中で特有な性格を呈していることを究明して
いる。近藤(1990)は指示詞が持っている品詞的な多様性とそれが
指し示す語句の種類について文脈指示のソレを中心に論じてい
る。金水(1990b)はコチラとコッチ類が指し示す方向を視点との関
連で分析して、方向から二極選択での派生原理を考察している。
馬場(1992)は文の中に現れるいろいろな形の指示詞を文章展開の
側面で統一的・連続的に分析している。庵(1995、2002)はコノとソ
ノの使い分けを指定指示と代行指示に分けて考察している。岡部
(1995)は物の属性を表す指示詞コンナ類とコウイウ類が相互に置
き換えられない4つの場合を明らかにしている。金井(2006、2007)
は人称指示のソチラとソッチの相違点と、聞き手を指すソチラと
ソコの違いを明らかにしている。

　③のその他の分野では、言語形式としての指示詞・指示詞文の

一般的性格の研究、慣用表現に関する研究、指示と代用表現の研究、史的研究などが見られる。清水(1977)、佐竹(1980)、古田(1980、1987)、高橋(1982)、相原(1987)、馬場(1988)、姜(1995)、李(2002)等を参照されたい。

3-2 コソア用法に関する研究の動向

　指示詞コソアの用法に関する研究史は佐久間(1936、1951)以前と以後に二分することができよう。なぜなら、佐久間によって、初めてコソアド即ち指示詞が日本語研究の一つの対象として確立されたからである。これは、当時としては画期的な試みで、ことにコソアの区分を話者と聴者との間の「勢力範囲の関係」という主体的な概念で把握している点は、それ以降の活発な指示詞研究のきっかけになっているとも言える。以下、研究の動向を佐久間以前と以後に分けて探ってみる。

　佐久間以前の研究は、代名詞の立場に立っていわゆる指示代名詞を論じた時代で、江戸時代以後コソアを話者から指示対象までの距離によって区分する距離区分説(主に、近称・中称・遠称に分ける)が主流であった。その中心は大槻(1889、1897)の『語法指南』と『広日本文典』で、その影響力は極めて強くて佐久間以前までずっと多数派になって踏襲されてきたと言える。『語法指南』は日本初の国語辞典とも言える『言海』の文法解説で、1897年に文章編を加えて独立させたものが『広日本文典』として出版されたわけである。

　しかし、話者と聴者とのどちらに属するかによって区分する人

称区分説(主に、自称・対称・他称に分ける)も少数派だったが明治
時代以降多少あった。奏(1893)、松下(1901、1928)、山田(1908)、
湯沢(1931)がその例で、佐久間の人称区分説が突如現れたわけで
はなかったのである。

　当時距離区分説が主流で人称区分説が少数だったのは、他なら
ぬ当時の国語学の研究対象が主に文典類の文章語である上代・中
古の作品であったから、日常常用の会話などで見られる話者・聴
者という存在に係わる指示範囲と指示詞との相互性を特に気にし
ていなかったからであると言える。[3]

　佐久間以後の研究は、以前に比べて活発に行われている。「現
場指示」と「文脈指示」と「用法の体系」という三つに分けて動向を
探ってみる。

【1】 現場指示用法

　佐久間以前の少数派だった人称区分説が佐久間以後主流になっ
て、人称と距離との相関という論点がソを中心に論争の対象に
なっている。これは、主に佐久間のコ系・ソ系・ア系の三項対立
説の問題点を、個々の言語現象から検討して、指示詞の区分原理
を新たに設けようとする形で行われている。その代表的な研究と
して、佐久間(1951)の縄張り説、三上(1955)の二種二項説(double
binary)、堀口(1978a)の親近・疎遠・親遠の三項共存説、正保(1981)
の対立型・融合型の二種三項説等がある。

　また、実際、会話者がどの様にして指示詞を使い分けているの

---

3) 佐久間以前の研究史と詳細な当時の研究文献などの資料は、古田(1980、1987)、高
　橋・鈴木(1982)、金水・田窪(1992)等で見られる。

かという実験的・実証的研究もある（高橋・鈴木(1982)、遠藤(198
8)、斉藤他(1982、1983、1985)。ここでは大まかに、話者の主観
性、指示対象への関心の程度、心理的勢力範囲などの要因が指示
詞の使い分けに大きく関わっているのと、日本語の第一言語習得
はソがコとアより後に現れるというのが明らかになっている。

【2】文脈指示用法

　話者と聴者が持っている情報という観点を重んじている久野
(1973)の共有知識説以降、主にソとアの使い分けをめぐって活発
な論議を伺うことができる。その代表的な研究には、黒田(1979)
の話者中心の直接的知識と概念的知識説、堀口(1990)の話者独自
選択説、神尾(1990)の情報の勢力権説、迫田(1996)の「共有知識+二
立場説」等がある。そして、1990年代以後はいわゆる談話理論に
よる吉本(1986、1992)の共有知識を中心とする階層的記憶モデ
ル、金水・田窪(1990)の談話管理の理論的探索、坂原(1996、2000)
の談話処理モデル、金水・田窪(1996)の「聞き手の知識」破棄モデ
ル、東郷(2000)の談話モデル等がある。

　コの用法に関しては、後行文脈指示の機能とともに、阪田
(1971)の「話し手自身のみの身近なもののコ」、久野(1973)の「生き
生きと叙述する時のコ」、金水・田窪(1990)の「解説のコ」、吉本
(1992)の「実質性，顕著性のコ」、金水(1999)の「直示的性質を有す
るコ」、庵(2002)の「トピックの名詞句をマークするコ」、堤(2005)
の「直示優先の原則によるソより多用されるコ」等といわれるコの
概念規定を窺うことができる。一概には言えないが、ダイクシス
的に指示対象をまるで目の前にあるかのように生き生きと指し示

したい時用いるという「現場の近称の抽象的な拡張」という概念規
定が一般化されているようだ。

【3】用法の体系

　指示詞コソア研究の進展とともに用法の体系および用法の名称
についての研究も活発に行われているが、統一的なものはまだ示
されていない。伝統的には指示詞の体系を、用語の選択には違い
はあるが、現場指示用法と文脈(非現場)指示用法に分けている。
しかし、1970年代後半から現場指示と文脈(非現場)指示という二
分法の形態だけでは指示詞の用法体系の適切性を確保しにくいと
いう問題意識が台頭しはじめて，まだ活発ではないが新しい体系
化に関する研究が注目を浴びている。代表的な研究としては、堀
口(1978b)の現場・知覚・観念・文脈・絶対指示の五つの用法の体
系、黒田(1979)の「独立的用法」と「照応的用法」体系、田中(1981)の
ダイクシス用法と照応用法の体系、正保(1981)の現場・知覚・観念・
文脈指示の四つの体系、東郷(2000)の談話モデルによる発話状況
領域・共有知識領域・言語文脈領域の三つの体系、金(2006)の直視
(現場指示と象徴的用法)と非直視用法(文脈指示と観念指示)等が
ある。

3-3　コソア用法に関する主要研究の検討

　ここでは、佐久間以後焦点を集めている指示詞コソアの現場指
示の指示領域と、文脈指示のソとアの使い分けと、用法の体系に
ついての主要研究を取り上げて検討する。尚、本論で用いる「〇

○説」は筆者の便宜上、命名したものである。

3-3-1　現場指示の指示領域について

【1】佐久間(1951)の三項対立説

　佐久間は、話し手からの距離の差による近称コ・中称ソ・遠称ア説に反論を提起、実際の対話の場では指示対象が話し手の勢力範囲に属する場合はコ、聞き手の勢力範囲に属する場合はソ、両勢力圏に属さない場合はアということで、(3. 2)のようなコソアの関係であるという。

(3. 2)「縄張り」説(佐久間、1951:35)

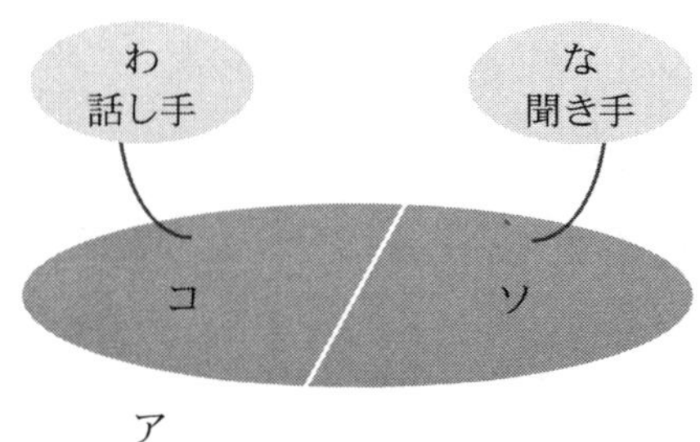

【2】三上(1955)の二種二項対立説

　三上は、三項対立説に異論を提起、指示詞の指示領域を(3. 3)のように、話し手と聞き手が対立する場面と、話し手と聞き手が「われわれ」になっている場面による、コ対ソとコ対アの二種二項対立の関係であるという。その根拠として「あちらこちら」、「あれこれ」、「そこここ」、「そうこう」などの慣用的な表現に、ソとアの組合わせによる表現が見つからないと指摘している。

(3. 3) 二種二項対立説(三上、1955:177)

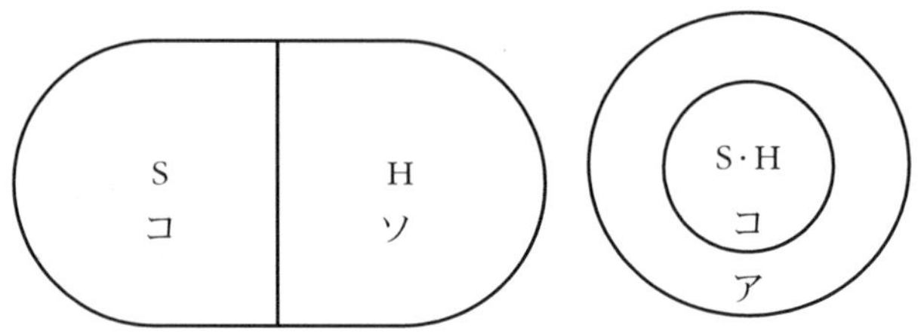

S：話し手(以下省略)
H：聞き手(以下省略)

【3】堀口(1978a)、吉本(1992)等の三項共存説

　堀口は、これまである程度通説化されている「ソ=聴者」に異論を提議、現場指示の指示詞の機能を次のように考えている。

　話し手は聞き手と話し合っている「会話空間の場」で自分が占めている領域内にある対象はコで指し示し、そのほかの対象はソで指し示す。その時聴者の領域もソになるわけである。アの表現は「会話空間の場」を離れている遠い対象を自己との関わり強い存在と想定した時指し示す表現である。

　これは、阪田雪子(1971)、吉本啓(1992)でもほぼ一致しており、(3. 4)のような構造になっていると言える。

(3. 4) 三項共存説（金水・田窪、1992:112）

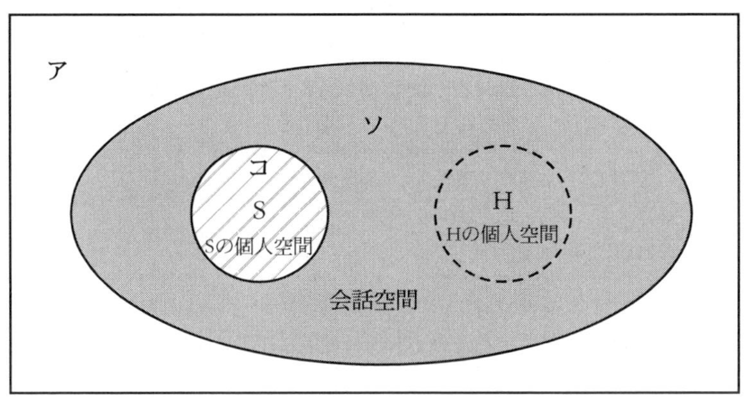

【4】正保(1981)の二種三項対立説

　正保は，三項対立説と二種二項対立説の中間的立場で、対立型
と融合型の二種に各々コソアがすべて現れる(3. 5)と(3. 6)のよう
な二種三項対立説を取っている。

(3. 5) 二種三項対立説(図) (正保、1981:75)

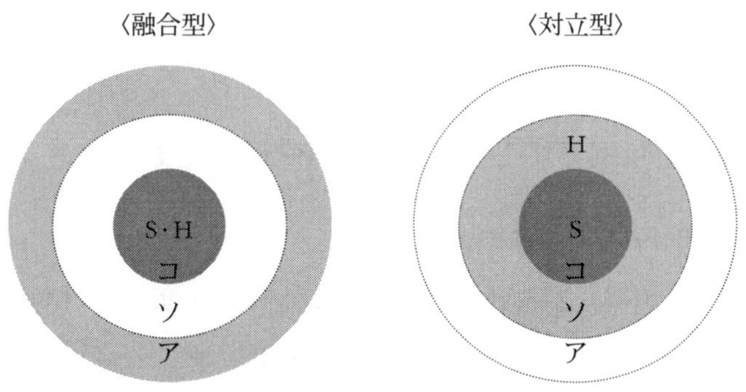

(3. 6) 二種三項対立説(表) (正保、1981:75)

	融 合 型	対 立 型
コ	それに対する「われわれ」の関心が強いもので、近くにある人/物	話し手が、自分の縄張りにあると認定した人/物
ソ	「ア」で指すには近すぎるもの、もしくは、話し手と聴き手のいずれか一方或は両者の視野にないもの	話し手が聴き手の縄張りに属するものとして認定した人/物
ア	それに対する「われわれ」の関心が強いもので、遠くにあるもの	話し手が「自分」の領域にも「相手」の領域にも属さないと考えたもの

　正保の最大の特徴は、コソアの各々の二種のプロトタイプの認定である。ことに、ソの場合は、融合型のソに当たる話し手・聞き手の両者から近くも遠くもない距離にある指示対象に対して用いるソとか「お出掛けですか？」「はい、ちょっとそこまで。」のような漠然とした場合のソを「弛緩したソ」と言って「緊張型のソ」との違いを明確にしている。ここでいう正保の「緊張型のソ」とは、話し手が聴き手の縄張りに属するものとして認定した人や物を指し示す時のソを言っている。

3-3-2　文脈指示のソとアの使い分けについて

【1】久野(1973)の共有知識説

　久野(1973)は、話者と聴者が提示した対象を知っているかいないかという観点で、ソとアの文脈指示の構造を次のように一般化している。

ア-系列：その代名詞の実世界においての指示対象を、話し手、
　　　　聞き手ともによく知っている場合のみ用いられる。
ソ-系列：話し手自身は指示対象をよく知っているが、聞き手が
　　　　指示対象をよく知っていないだろうと想定した場合、
　　　　あるいは、話し手自身が指示対象をよく知らない場合
　　　　に用いられる。（久野、1973:185）

前述したような久野の共有知識説で注目すべきことは、よく
知っている場合とそうでない場合の認識の差に対する分析であ
る。

(3. 7)A.話し手：昨日、山田サントイウ人ニ会イマシタ。ソノ(*
　　　　　アノ)人、道ニ迷ッテイタノデ助ケテアゲマシ
　　　　　タ。
　　　B. 聞き手：ソノ(*アノ)人、ヒゲヲハヤシタ中年ノ人デ
　　　　　ショ。
　　　C. 話し手：ハイ、ソウデス。
　　　D. 聞き手：ソノ(アノ)人ナラ、私モ知ッテイマス。私モソ
　　　　　ノ(アノ)人ヲ助ケテアゲタコトガアリマス。
　　　　　（久野、1973:186）

久野は(3.7)のような例文を通して、次のように説明している。

Bで聞き手は、山田という人が自分が知っている人かそうでないか分から
ないのでソを用いる。Dでは山田が前から自分が知っている人だと分かった

時、聞き手はアを用いることができる。しかし、もし聞き手が山田を一回し
か会ったことがなく、彼をあまり知らないという気持が強かったら、そのま
まソを用いる。

　つまり、久野は、Aの話し手が山田さんを話しただけでは、Bの
聞き手は山田さんを知っていることにはならないというのであ
る。対話の中で得られた伝聞知識と対話以前の直接経験的知識を
使い分けながら、ソとアを選ぶ指示行為が行われるということで
ある。
　久野の共有知識説によって、多くのソとアの使用例を簡略に説
明できるが、次のようなアの場合の説明は容易ではない。

(3. 8)　A：山田太郎先生って、どんな方でしたか。
　　　　B：あの先生はとても優しかった。
(3. 9)　総務課に田中って人がいるから、あの人に聞いてみた
　　　　ら？　　（迫田、1996:50）
(3. 10)　A：この本、ミラーさんという人が書いたそうなんです
　　　　　が、どこの人ですか。
　　　　 B：君、あの先生を知らないのか？（金水・田窪、
　　　　　1992:115）

　坂田(1971)、堀口(1978)、吉本(1992)はこういう(3. 8)、(3. 9)の
ようなアを話し手の一方的な想いを表すアという。吉本(1992)は(3.
10)のようなアの場合を聞き手に対する非難のアという。

【2】 黒田(1978)の話者中心の直接知識と概念知識説

　　黒田(1978)は、久野(1973)の共有知識説に疑問を持ち、話し手が指示対象を概念的知識として知っているとソ、直接知識として知っているとアを用いるという。聞き手の指示対象に対する知識は指示詞選択要因としては作用しないということである。

　　(3. 11)　僕は大阪で山田太郎という先生に教わったんだけど、君
　　　　　　もあの先生につくといいよ。(黒田、1979:55)

　　(3. 11)は久野の共有知識説によると、ソノ先生になるのが当然である。なぜなら、話し手はよく知っていても聞き手がよく知らない指示対象の場合、ソで示すからである。しかし実際、ソノ先生とともにアノ先生も可能である。黒田(1978)は、話し手が山田先生という対象を「自分が大阪で教わった山田太郎という名前の先生」という単純な概念的理解の対象として考えれば「ソノ先生」で、概念化されていない話し手の直接的知識としての山田先生を表しながら、山田先生の何らかの資質を勧告の根拠としてしている場合はアノ先生になるというのである。つまり、話し手中心の知識の程度によってソとアが使い分けられるのである。

　　黒田(1978)によって、久野(1973)では説明が容易でなかった(3. 8)〜(3. 10)のアが簡潔に説明できる。しかし、この説にも問題はあって、(3. 12)、(3. 13)の場合、なぜアが不自然ないし誤用で、ソが自然であるかの解釈が容易ではなさそうである。

(3. 12) 僕は大阪で山田太郎という先生に教わったんですが、
その(?あの)先生が僕に哲学の道を薦めてくださったん
です。

(3. 13) あした会場に行けば受付に中村さんという人がいます
から、その(?あの)人に聞いてください。

【3】迫田(1996)の共有知識+二立場説

　迫田(1996)は、久野(1973)の共有知識説と黒田(1979)の話者中心説等の相違点と問題点を指摘して、ソとアの使い分け規則の根拠には共有知識以外の主要な要因として、聞き手配慮の有無に基づいた話し手中心と聞き手中心という二立場が作用しているとし(3. 14)のように整理している。

(3. 14) 話し手中心と聞き手中心の立場との指示詞ソとアの使い
分けの比較

話し手中心の立場				聞き手中心の立場	
話し手にとって、直接的知識・記憶の対象や観念の中で明確な対象	【1】【2】	ア系指示詞の領域	話し手・聞き手にとって直接的知識・記憶の対象や観念〜(共通知識)	【1】
			聞き手にとって、概念でしか捉えられない対象	【2】
話し手にとって、概念でしか捉えられない対象	【3】	ソ系指示詞の領域	話し手にとって、概念でしか捉えられない対象	【3】

　(3. 14)から分かるように、話し手の直接的経験による明確な対象を指すアの一部である【2】が、「聞き手中心の立場」によって

ソになってしまう。(3. 12)がその例である。(3. 8)〜(3. 10)は、聞き手配慮が現れない、「話し手中心の立場」から明確な対象を表すのでアになるということである。(3. 14)の「話し手中心の立場」の【1】と【2】に当る訳である。

　迫田は、また上記の二つの立場の切り替えの要因である聞き手配慮の引き金になるのは上下関係や新疎関係に差がある場合であると述べている。つまり、親密度が低ければ低いほど、また上下関係(聞き手が目上の場合)の差があればあるほど聞き手配慮が必要となり、(3. 12)のようにソの使用が多くなるという。(3. 8)〜(3. 10)の場合は、本来であれば聞き手が指示対象を知らないのでソが自然であろうが、アが許容されるのはいずれも聞き手と話し手には上下関係の差がなく、親しい間柄だから聞き手配慮の影響が現れないことを示しているということである。結局、迫田は、ソとアの使い分けが困難である原因のほとんどが、話し手の直接的知識・記憶の対象の中で聞き手配慮からソ系を使用すべき場合にアを使用してしまうような、(3. 14)の【1】と【2】の立場の変化を理解していないからだと述べている。

　以上の研究以外、神尾(1990)の話し手中心の機能的分析である情報の縄張り理論、田窪(1990)の融合形と対立形の談話システムが提示されている談話管理理論的な探索、吉本(1992)の「場」的な構造を理論化した計算機的な知識モデル化、今井(1995)の照応のソとdeixisのア説、金水・田窪(1996)の「聞き手の知識」自体を破棄して話し手の知識の直接性・間接性による区分説、東郷(2000)の談話モデルによる「文脈指示のソ」と「共有知識のア」説などが見られるが、これらについての言及は紙幅の都合上省略する。

　一概には言えないが、高橋(1956)の客観的世界としての「場面」
と区別したコソアの主観的意味の構造である「場」の設定以来、ソ
とアを中心にしたコソアの言語的意味とは、話し手にとっての独
自の認識と認知インターフェースに関わっていると見ているよう
である。

3-3-3　コソア用法の体系について

　コソア用法の体系は大旨、二分体系、堀口(1978b)の五つの用法
の体系、正保(1981)の四つの用法の体系、東郷(2000)の談話モデル
に基づいた三つの指示体系等に大別できる。

【1】二分体系
　指示詞用法の体系は一般的に次の二つに分かれる。それぞれの
用法に対してどういう名称が使われたのか整理すると(3. 15)のよ
うである。
　(3. 15)から分かるように、用法の名称はいろいろあるが、用法
そのものの差はあまりなさそうである。ただし、田中(1981)は変
わった用法の定義を提示している。

(3. 15) 二分体系の研究者の指示詞コソア用法の名称

研究者	現場で知覚できる具体的な指示対象を直接指し示す方法	文中或は会話中に登場する指示対象を指し示す方法
佐久間(1936)他	現場指示用法	文脈指示用法
三上(1955)、久野(1973)	眼前指示用法	文脈指示用法
神尾(1990)、安藤(1986)	直示的用法	文脈用法
黒田(1979)	独立的方法	照応適応法
宋(1991)他	現場指示用法	非現場指示用法
田中(1981)	deixis用法	照応用法
金水(1999)他	直示用法	非直示用法

　田中は、(3. 16)のように、話者による言語的状況の指示対象も物理的な物のように考えて指示する場合もdeixis用法だという。物理的な物としてではなく、発話の内容を表す場合だけを照応用法だという。例えば、(3. 17)の場合、指示対象は二つの解釈が可能である。一つは今日、学校で先生からあった喫煙の有害性についての話で、もう一つは今日、学校で先生からあった喫煙の有害性についての話があったという話である。この時、田中は前者の解釈を照応用法の場合、後者の解釈をdeixis用法の場合に区別している。

(3. 16) A：山田がね、おまえのことをあいつはほんとうにお人
　　　　好しだって言ってたよ。

　　　　B：あいつ、<u>そんな</u>こと言ったのか。（田中、1981:34）

(3. 17) 今日、学校で先生からタバコの有害性についての話が
　　　　あった。家に帰って<u>その</u>話をしたら、愛煙家の父はし
　　　　ぶい顔をしていた。（田中、1981:35）

【2】堀口(1978b)の現場・知覚・観念・文脈・絶対指示の体系
　堀口(1978b)は、佐久間(1951)以降指示詞の用法がいつも現場指
示と文脈指示の二分体系に分類されていることに異論を提起し、
次のような五つの用法の体系として提示している。

a. 現場指示用法：話者は聴者との同一空間で手ぶりなどの表現
　行為を伴いながら、話者は知覚していて聴者にも知覚され
　ると予想される対象を指示する用法。

b. 知覚指示用法：聴者の存在なしに表される独白の状況で、本
　人が知覚している対象を指示する用法。

(3. 18) （視覚で促えている一着の服を見つめながら、一人でつ
　　　　ぶやく。）あのとき着ていたのは<u>あの</u>(*<u>その</u>)服だったな。
　　　　（金水・田窪、1992:82、筆者一部添削）

c. 観念指示用法：聴者の存在なしに表される独白表現で本人の
　観念の中にある対象を指示する用法であるが、時には対話
　や文章の場でも用いられる。

(3. 19)　A：君、<u>あの</u>件片付いたかい。

　　　　　B：はい、片付きました。（金水・田窪、1992:82-83）

d.　文脈指示用法：対話で相手が表現した内容を指示したり、対
　　話や文章で自分が表現した内容を指示する用法。

(3. 20)　A：昨日友達と京都に行きました。

　　　　　B：<u>それ</u>は良かったですね。<u>その</u>友達は田中さんです
　　　　　　か。（金水・田窪、1992:83）

e.　絶対指示用法：話者との関係概念がなく、常に決まっている
　　対象を一定に指示する用法。

(3. 21)　（手紙の中で）<u>ここ</u>は涼しくなりましたが、<u>そちら</u>はどう
　　　　　ですか。（金水・田窪、1992:83）

【3】正保(1981)の現場・知覚・観念・文脈指示の体系
　　正保は、堀口の五つの分類を改めて、堀口の用語に従いつつ、
(3. 22)のように絶対指示用法を除いた四つの用法の体系に分類し
ている。

(3. 22) 正保のコソアの四つの用法の体系(正保、1981:66)

	相手	指示対象
(イ) 現場指示	いる	知覚可能なもの
(ロ) 文脈指示	いる/いると仮定	先行文脈又は先行談話(「ソ」の場合) 観念対象(「コ」、「ア」の場合) 知覚可能なもの(「コ」の場合)
(ハ) 知覚対象指示	いない	知覚可能なもの
(二) 観念対象指示	いない	観念対象

　正保(1981)は、堀口(1978b)の五つの用法の体系の中で絶対指示用法を排除した理由として、コソアが本来的に有しているところの話し手との関係概念の表示という機能が弱まって、ある対象を指すのに、話者の人称に関係なく同じ指示代名詞で以って呼び得るような用法であるからだと説明している。

【4】東郷(2000)の談話モデルに基づいた三つの指示体系
　東郷は、従来主に文脈指示とされてきた共有知識指示を違う談話領域として扱っている。それで、指示詞の用法を「共有知識領域」の共有知識指示、「発話状況領域」の現場指示、「言語文脈領域」の文脈指示の三種類に区分している。

　共有知識領域：ア
　言語文脈領域：ソ、コ
　発話状況領域：コ、ソ、ア　東郷(2000、31)

3-4 コソア用法に関する研究の問題点と課題

　指示詞コソア用法の先行研究の検討の結果、以下の問題点と課題が考えられる。

【1】　現場指示の場合、次の二点が上げられる。

　一つ目は、ソの用い方における人称区分説と距離区分説との統一的な説明はできないのかとうことである。ソの用い方の規則が人称区分的な聞き手のソだけでは説明できないことはすでに明らかになっている(正保(1981)等参照)。(3. 23)、(3. 24)の場合がその例である。(3. 23)、(3. 24)のソを距離区分的な中距離のソとすると、現場指示のソには二つのプロトタイプ、つまり聞き手のソと中距離のソを認めざるを得ないことになる。そこで現場指示のソは果たして二つのプロトタイプがもとより混在しているものなのかという疑問が出てくる。聞き手のソと中距離のソを繋ぐ統一的な説明原理の究明が望まれる。

　(3. 23) お客：<u>そこ</u>の煉瓦の建物の前に停めてください。

　　　　　運転手：はい、<u>そこ</u>の角のところですね。

　(3. 24) あわてるな、横断歩道はそこにある。(阪田雪子、1971:

　　　　　129)

　二つ目は、コの用い方の問題である。話し手の目の前の近くにあるものはコで指し示す。異論の余地がない。しかしながら、いくら近くても、まして(3.25)のように話し手の身体の一部であっでもコで指すことができない場合がある。即ち、「近称のコ」と相手(聞き手)の「ナの領域のコ」が一致しないでぶつかる場合があるわけである。このような用い方の時、いかなるきまりが働いているかを明らかにする必要があるだろう。

(3. 25) 医者：(患者のお腹を触りながら) ここがいたい？
　　　　患者：はい、そこがいたいんです。

【2】文脈指示の場合、次の三点が上げられる。

　一つは、ソとアの使い分けに関する共有・非共有知識説の内容が複雑で理解が困難である。ことに、最初の談話理論として共有知識を形式化する吉本(1992)の「知識モデル化」では指示詞選択に関連した階層的記憶モデルを用いているが、理解しにくい。例えば、"話し手が指示対象を知っていて聞き手も知っていると知っているが、聞き手が自分が知っていることを知らないと信じている時はア、ソともに可能である。"と言っているが、コソアの選択の認知構造をあまりにも複雑に見ているようである。又、(3. 8)〜(3.10)のような非共有のアに関して、一方的な思いのアとか非難のアと規定するのも断片的・恣意的解釈にすぎないと思われる。

　二つ目は、ア系指示詞に文脈指示用法はないという見方が多くなっている。堀口(1978b)、正保(1981)、春木(1991)、東郷(2000)等によって観念指示、共有知識指示等と名付けられ文脈指示と区分しているわけである。果たしてよいだろうか。アの用法の概念規定に戸惑わせる。基本的にアは、ソとともに、具体的であろうが観念的であろうが、文脈のある指示対象を指し示しているに違いない。ソとアの両者の中でどちらを選択するかは、色々な選択要因を考慮した話し手の態度によって決定されるだけである。従って、アも文脈指示用法の一つであると考えざるを得ない。参考まで、韓国語の文脈指示「ユ(gue)」に対応するのがソとアである。即ち、韓国語では文脈における先行詞とか観念上の指示対象はすべて「ユ(gue)」で指し示している。

　三つ目は、コの用い方の問題である。コに関する研究はソとアの研究に比べてそう活発であるとは言えないが、主に、阪田(1971)の「話し手自身のみの身近なもののコ」、久野(1973)の「生き生きと叙述する時のコ」、金水・田窪(1990)の「解説のコ」、吉本(1992)の「実質性，顕著性のコ」、金水(1999)の「直示的性質を有するコ」、庵(2002)の「トピックの名詞句をマークするコ」、堤(2005)の「直示優先の原則によるソより多用されるコ」等といわれるコの独特な一面が明らかになっている。どちらかというと、ソとアは指示したい要素の内容の関係を表すが、コはさらに指示したい要素の内容を明瞭化・眼前化するという働きを持っているようだ。そこで、このようなコは話し手の心的態度によっていかなる文脈指示の場面でも用いることができるかという疑問が出てくる。そこにはいろいろな制限が見られるだろう。(3.26)のようにコだけ用いることができる場合、(3. 27)のようにソとアとともに用いることができる場合、(3.28)のようにコを用いることができない場合等がある。コの用い方の様相の一端を明らかにしたい。

(3. 26) エリザベス・テーラーがまた結婚した。この女優が結婚
するのはこれで7回目だそうだ。(庵、1995、619)

(3. 27) 学生：この本、ミラーという人が書いたそうなんです
が、どこの人ですか？

先生：君、この/その/あの先生を知らないのか？

(吉本、1992)

(3. 28) A：出張で福岡に行ってね、Gというラーメン屋に行き
ました。

B：*ここ/そこのラーメンは私も食べたことがあります
よ。(加藤、2004、186)

【3】 現場指示用法と文脈指示用法との統一的な理論への接近と
して堀口(1978a)の親近のコ、疎遠のソ、親遠のア説などが試
みられているが、理解しかねる。なぜなら、この考え方は、
コソア用法の全体を聞き手の存在が考慮されていない話し手
中心だけの構図による概念規定として説明しているからであ
る。聞き手の存在が考慮されない説明は説得力を失いかねな
い。

【4】複数の指示詞を同時に使える構造や特徴を統一的に説明で
きないか。例えば、まず使用可能な文脈を類型化した後、そ
れぞれの文のコソア別の使用順位や許容度問題、指示内容の
異同問題を帰納的に解明すれば、複数指示表現の用法の概念
体系の一般化が可能であると思われる。類型化の一つの例と
して、基本的に次のような分類による用例を集めることから
始めるのもよかろう。

ア．三形式とも可能である場合

ア-Ⅰ（現場指示）

(3. 29) A：あの花は桜だね。

　　　　B：いや、<u>あれ</u>(<u>それ</u>、<u>これ</u>)は桃だよ。

ア-Ⅱ（文脈指示ー自分から話題を新たに持ち出して用いる場合）

(3. 30)　僕は大阪で山田太郎という先生に教わったんだけど、君

　　　　も、<u>あの</u>(<u>その</u>、<u>この</u>)先生につくといいよ。

　　　　（迫田、1996:45-46）

イ．二形式が可能である場合

イ-Ⅰ（文脈指示のソとアー自分から話題を新たに持ち出して用

　　　いる場合）

(3. 31)　総務課に山田って言う人がいるから、<u>その</u>(<u>あの</u>)人に聴

　　　　いてみたら？

イ-Ⅱ（ソとア相手の発話に対して指し示す場合）

(3. 32) A：僕の友達に山田という人がいるんですが、この男な

　　　　　　かなか理論家ですごいですよ。

　　　　B：あ、<u>その</u>(<u>あの</u>)人なら僕も知っていますよ。

イ-Ⅲ（コとソー自分から話題を新たに持ち出して用いる場合）

(3. 33)　その会社には絶対に人に挨拶しない男がいた。<u>この</u>(<u>そ</u>

　　　　<u>の</u>)男はいつ、どこでも色眼鏡をかけて、下を向いて歩

　　　　いていた。

イ-IV（コとソー相手の発話に対して指し示す場合）

(3. 34) A：転職って一口に言うけれど、これ/それ、なかなか難
しいもんだね。

B：ええ。でも、これ/それって、誰でも一度は考えるも
のでしょう？守屋三千代、1992b、53)

以上の問題点から、現場指示と文脈指示をはじめ、コソア用法
全体においても、なるべく統一的な説明が求められるのが分か
る。これをコソア用法モデルの設定の課題とする。

第4章

「場」の状況別指示詞 コソア用法モデル

　ここでは、前章の指示詞コソアに関する先行研究を踏まえて、日本語教育のための新たな「場」の状況別コソア用法モデルを提示する。そして、その「場」の状況別コソア用法に基づいて韓国語の「이(i)・그(gue)・저(jeo)」との対照分析を行って、その異同を明らかにする。

4-1　用法の設定

4-1-1　用法の基本理念

　コソアが指示性を持つ言語形式である限り、その指示範囲および意味、機能は必ずどこかで区分されているはずである。古くからの「近称・中称・遠称」説、「なわばり」説、「コ/ソ、コ/アの二項対立の複合」説、または比較的最近の親近疎遠親遠説、対立・融合型の複合説、共有知識説、話し手中心説、階層的記憶モデル説、共有知識+二立場説、談話モデル説等が、コソアの用法の概念規定を巡る有力な文法論として今日まで認識されているようである。これらの諸説については前章で探ってみたが、全体的に見て感じられることは、最近になるにつれてコソアは、談話管理レベルの問題として、話し手(あるいは書き手)の経験・知識及び心理的態度と深い関係を持つものであることが強調されているようである。

　ここでは、上記の諸説をふまえた上で、日本語教育のためのコソア用法を以下の四つの基本理念に基づいて考える。この基本理念は先行研究の問題点と課題であった「全体のコソア用法を統一的に説明できるようにする」という試みである。

【1】コソアの表現はあくまでも話し手がその中心で、様々のコソア用法の用い方の中でも、聞き手が現れない話し手と指示対象だけが存在する「場」で行われるコソア指示行為(独り言や内言等)がコソア用法の原型的なものである。

【2】全体のコソア用法は一つの概念規定としては到底考えられないもので、自然なコソア用法の認知構造は本来的に連続性を持っている。(本稿ではこれを「指示詞用法の連続性」と呼ぶ。)

【3】「指示詞用法の連続性」は、その生成過程から見ると、いわゆる現場指示のコソア用法が基本的なもので、それが派生ないしは抽象化されて非現場指示のコソア用法になっている。

【4】言語コードの範疇のなかでもコソアの形式は、とりわけ、言語行為の「場」の状況との係わりを鮮明に映し出すものであるから、「場」の状況別にコソア用法を見るのが自然である。4)

---

4) ここで言う「場」の状況とは、高橋(1956)の「場面と場」からの概念で、客観的世界としての「場面」と区別した言語主体の意識の中に映し出される主観的意味の構造のことである。したがって、言語体系に組み入れられるものは「場面」ではなく「場」で、この「場」が発言にもっとも近い段階へ位置づけられるのである。

4-1-2 用法モデルの提案

　以上の基本理念に基づいて、「場」の状況別コソア用法の区分基準を、次の四つとした。

【1】指示対象が談話現場にある非言語的要素(具体的対象)なのかそうではないか。即ち、コソア用法を現場指示と非現場指示に大別する。

【2】自分のコソアの行為が、相手の存在に配慮するところがあるかないか。即ち、相対的指示と独立的指示に区分する。

【3】現場指示の場合、話し手のコソアの行為は聞き手の存在に配慮するところがあるとすればそれは融合的なものか対立的なものか。即ち、融合的指示と対立的指示に区分する。

【4】非現場指示の場合、指示対象が自分か相手にとって話題性のある経験的知識・記憶のものか、単なる文脈照応的なものか。即ち、話題指示と単純照応指示に区分する。

　上記に設けたコソア用法の区分基準に基づいて、コソア用法を各「場」の状況別に分類すると、次の(4. 1)のようになる。(各用法の名称は筆者による。)

(4. 1)「場」の状況別コソア用法モデル

	用法の名称		指示対象	「場」の状況	言語行為
現場指示	独立的現場指示		現場における知覚できる具体的対象	相手(聞き手)がいない。	独り言、内言
	相対的現場指示	融合型	同上	話し手と聞き手が我々意識を持つ	主に、対話
		対立型	同上	話し手と聞き手が対立意識を持つ	主に、対話
非現場指示	話題指示	独立的話題指示	自分の観念の中に浮かべている話題性のある経験的知識・記憶の素材	相手(聞き手)がいない	独り言、内言、回顧的言い方
		相対的話題指示	自分か相手の表現内容にある、話題性のある経験的知識・記憶の素材	相手(聞き手か読み手)が素材を知っているかを考慮	主に、対話
	単純照応指示		自分の経験的知識・記憶とは係わらない単なる文脈の言語的なある素材	相手(聞き手か読み手)がいる、あるいは、いると仮定する	主に、作文

　コソア用法には、(4. 1)のような用法以外にも、(4. 2)のような話し手との関係概念の表示という機能が弱まった特定された特殊な用法があるが、ここでは扱わないことを断っておく。

(4. 2) コソアの慣習化・特定化された用い方
①C.S用法のアレ[5]

---

5) 迫田(1993c)は「こう言ってはあれなんですが、〜」「やっぱり<u>あれ</u>だねぇ、酒は○○

②反復形：これはこれは、それはそれは、そこそこ

③時を表すもの：この間、そのうち、〜このかた

④慣用的なもの：

　「ア＋コ」型：あれこれ、あちらこちら、あちこち、あれやこ
　　　　　　　れや、ああもいうしこうもいう、あの手この
　　　　　　　手、ああだこうだああ言えばこう言う、ああで
　　　　　　　もこうでもない、あれもこれも

　「ソ＋コ」型：そうこう、そこここ、それやこれや、そんなこ
　　　　　　　んな、そうこうするうちに、そうしてこうし
　　　　　　　て、それもこれも

⑤接続詞：それから、そこで、それでは

⑥感嘆詞性：これっ(こらっ)〜、それ(そら)〜、あれっ〜

4-2 「場」の状況別コソア用法

　図(4. 1)から分かるように、新たな「場」の状況別コソア用法は、現場指示用法の三つと非現場指示の三つに分ける。各々の具体的な使い分けを探る。

4-2-1 現場指示用法

　現場指示用法は独立的現場指示、相対的現場指示の対立型、相対的現場指示の融合型と呼ぶことができる、三つの使用上の「場」

がうまいねぇ。」の「あれ」を話し手の会話のストラテジーとしての使い方とし、コミュニケーション・ストラテジー用法(縮略して「C.S用法」)と定め、言い淀みとの関連を検討している。

の状況に大別する。

4-2-1-1　独立的現場指示

指示対象：現場(眼前)において自分が知覚できる具体的対象

言語行為：独り言、内言

「場」の状況：話し手、指示対象だけが存在

使用語彙：コ、ア

きまり：指示されているものが、自分の関心があるもので、自
　　　　分に近いと想定した場合は(4. 3)のようにコを用いる。
　　　　自分に遠いと想定した場合は(4. 4)のようにアを用い
　　　　る。

例文:

(4. 3)　(自分の机の上にある新しい封筒を見ながら、一人でつぶ
　　　　やく。)これは何だ？

(4. 4)　(空を飛んでいる鳥を見ながら、一人でつぶやく。)あの鳥
　　　　のように飛ぶことができれば…

　堀口(1978)は現場にあるものを思考語ないし独白などで指示す
ることを「知覚対象指示」と呼び、「現場指示」と区別しながら、「現
場指示」の根本に「知覚対象指示」があると述べている。正保(1981)
も堀口の説を引き受けている。即ち、思考語などは人に指示の対
象を知らせることができないから、「現場指示」の根本であると言
いながらも「現場指示」の用法としては認めていない。

　又、黒田(1979)では、指示語代名詞の用法を独立的用法と照応的用法との二つに大別して、その用法の特徴には言語行為者が本質的要因として関係しているとして、聞き手を考慮しない独り言での指示詞用法の究明の必要性を主張し、その使い方を検討している。そこで黒田はソの「そこ」も使えるかもしれないと疑問を投げている。

　本稿で、いわゆる「知覚対象指示」と名乗る用法を敢えて「現場指示」の範疇の一つの用法として、しかも原型的用法と見なしている理由は、指示語表現はあくまでも話し手に係わるもので、指示の対象を人に知らせるかどうかは二次的なことであるというプロトタイプ論的な指示詞使用の基本理念に立っているからである。非現場指示用法の中に「独立的話題指示」用法を入れたのも同じ見方によるものである。

4-2-1-2　相対的現場指示の対立型

指示対象：話し手と聞き手は共有する現場において身振り等の
　　　　　行為を伴いつつ、話し手が現に知覚していて聞き手
　　　　　にも知覚されるはずの具体的対象
言語行為：主に、対話形式
「場」の状況：話し手、聞き手、指示対象が存在
使用語彙：コとソ
きまり：指示対象が話し手の領域にあると想定した場合は(4.
　　　　5)、(4. 6)のようにコを、聞き手の領域にあると想定し
　　　　た場合は(4. 5)、(4. 7)のようにソを用いる。

例文:

(4. 5) 母：(病院に入院している母が顎で自分のおなかを指しな
　　　　がら)<u>ここ</u>をちょっとかいてくれ。

　　　子：(母のおなかのある部分を触りながら)<u>ここ</u>？

　　　母：うん、<u>そこ</u>。

(4. 6) (聞き手に自分よりの人を紹介するとき)<u>こちら</u>が山田様で
　　　す。

(4. 7) (対立している聞き手のとなり近くに未知の物や人がいる
　　　場合)

　　　A：<u>それ</u>は何ですか。

　　　B：<u>その</u>方はどなたですか。

　佐久間(1951)では、古くからコソアの体系で認められてきた「近
称・中称・遠称」は、「自称・対称・他称」という人称の対立関係と交
渉をもつと述べている。いわゆる「なわばり説」である(第3章の図
(3. 2)参照)。即ち、コは「話し手の自分の手が届く範囲、いわば話
し手の勢力圏内にある対象」、ソは「話し相手の手が届く範囲、言
わば聞き手の勢力圏内にある対象」、アは「こうした勢力圏外にあ
る対象」を指し示しているというのである。

　しかしながら、佐久間のこのような概念規定には不備な点があ
り、(4. 5)のような反例がある。そこで、三上(1955)、井手(1959)
以来、三者が同一平面を分かち合うのではなく、コソアの体系を
「コ/ソ」、「コ/ア」の二者二立の、心理的次元が違う二つの平面の
関係として促えることの重要性が認識されるようになった。こと
に、三上は「あれこれ、あっちこっち、あそこここ」、「そうこ

う、そこここ、そんなこんな」等の熟語からみても、アとコ、ソとコの組み合わせはよくみられるが、アとソの組み合わせがないことからも二者二立説を裏づけようとしている。

　「コ／ソ」は、話し手の領域にあると認定するか、聞き手の領域にあると認定するかによって区別する。したがって、この「コ／ソ」の対立の意識の「場」の状況の中にはア系が存在していないわけである。

　このことを、プロトタイプ論的な「指示語用法の連続性」の観点から見ると、次のようなことが言えよう。現場指示の原形的なものである独立的現場指示の「場」に対立的な聞き手が現われて、敢えて自ら、自分(話し手)を規制するソ系があらわれ「相手の領域」をまかなう。それと同時に、自分に近いと想定した場合用いたもとのコの用法が、自己抑制の「自分の領域」に変異してしまう。また自分に遠いと想定した場合用いたアの用法は自分と聞き手との対立の「場」の状況では現われていない。

　この「コ／ソ」の関係を、三上(1955)では「楕円的現場指示」、正保(1981)では「現場指示の対立型」と呼んでいる。このようにいわれる用法を、本稿では、敢えて相対的現場指示の対立型という名を付けたが、その理由は、話し手だけの絶対的な指示表現に対立的な話し相手が現われてはじめて形成された、派生された形としての独立している一つの「場」の用法であると見ているからである。

4-2-1-3　相対的現場指示の融合型

指示対象：話し手と聞き手は共有する現場において身振り等の
　　　　　行為を伴いつつ、話し手が現に知覚していて聴き手
　　　　　にも知覚されるはずの具体的対象
言語行為：主に、対話形式
「場」の状況：話し手、聞き手、指示対象が存在
使用語彙：コとア、いわゆる弛緩したソ
きまり：指示対象が我々(話し手と聞き手)の関心があるもの
　　　　で、近くにあると想定した場合は(4.8)のようにコを
　　　　用いる。我々(話し手と聞き手)の関心があるもので、
　　　　遠くにあると想定した場合は(4.9)のようにアを用い
　　　　る。又、我々(話し手と聞き手)の関心がある場所でア
　　　　系で指すには近すぎるとか、遠くも近くもない漠然と
　　　　した場所・物を指す場合は、(4.10)〜(4.12)のよう
　　　　に、弛緩したソを用いる。

例文：

(4.8) (A、B両者の手元にある一つの絵をさしながら)

　　　A：これは山田さんの絵ですか。

　　　B：いいえ、これは先生の絵ですよ。

(4.9) (空に飛んでいる飛行機を指さしながら)

　　　子：あれが飛行機なの。

　　　母：うん、あれが飛行機だよ。

(4.10) お客：そこの煉瓦の建物の前に止めてください。

　　　　運転手：はい、<u>そこ</u>の角のところですね。

(4.11) A：ちょっと<u>そこ</u>まで散歩して来よう。

　　　　B：どこまで。

　　　　A：<u>そこ</u>の公園の辺りだよ。

(4.12) A：お出かけですか。

　　　　B：はい、ちょっと<u>そこ</u>まで。

　三上(1955)、井手(1959)以来、相対的現場指示用法を話し手の心理的次元が違う二つの「場」、即ち「コ/ソ」と「コ/ア」に分けて捉えることの重要性が認識されるようになった。話し手と聞き手との対立関係が形成された「コ/ソ」の「場」と違って、この「コ/ア」の「場」においては融合された「我々意識」が働いているのである。このような用法を三上(1955)では「円的現場指示」、正保(1981)では「現場指示の融合型」と呼んでいる。

　ここで気が付くことは、この用法は独立的現場指示用法と同型であるということである。これは、聞き手を考慮しない独立的現場指示用法が、そのまま聞き手を考慮する相対的現場指示の「コ・ア」用法に派生したと言えよう。即ち、現場指示の原型的なものである独立的現場指示の「場」に融合的な聴き手が現われて、'自分に近い'と想定した場合用いたもとのコの用法が'我々(話し手と聞き手)に近い'に、'自分に遠い'と想定した場合用いたもとのアの用法が、'我々(話し手と聞き手)に遠い'に変わったと考えられる。

　しかしながら、この「コ/ア」の用法では、(4.10)〜(4.12)を説明することができない。そこで、正保(1981)では、融合型「コ・ア」の中にはアで指すには近すぎるもの、若しくは、漠然とした場所などを指す場合のソが存在しているとして、それをいわゆる'弛緩したソ'と呼んでいる。又、このソの用法を修正融合型(第3章の図(3. 5)と表(3. 6)参照)の中で表している。本稿の「相対的現場指示の融合型」は、正保説に基づくものである。

4-2-2 非現場指示用法

非現場指示用法は、独立的話題指示、相対的話題指示、単純照応指示と呼ぶことができる、三つの使用上の「場」の状況に大別する。

4-2-2-1 独立的話題指示

指示対象：知覚の可否には無関係に自分の観念の中に浮かべて
　　　　　いるある素材

言語行為：独り言、内言、回顧的言い方

「場」の状況：話し手、指示対象が存在

使用語彙：コ、ソ、ア

きまり：観念に存在している指示されるものが、自分が知って
　　　　いる話題性のある経験的知識や記憶にあるもので、ま
　　　　るで眼前にあるかのように強く示すと想定した場合(4.
　　　　13)のようにコを用いる。
　　　　観念に存在している指示されるものが、自分が知って
　　　　いる話題性のある経験的知識や記憶にあるもので強く
　　　　指し示すと想定した場合(4. 14)のようにアを用いる。

観念に存在している指示されるものが、自分に係わり
の弱い知らないもので抑制して平静に指示すると想定
した場合は(4. 15)のようにソを用いる。

例文:
(4. 13) (新聞に載っていた自分の友達の素晴らしい論文のこと
　　　　を思い出しながら一人でつぶやく)
　　　　こいつはとにかく文章がうまい。
(4. 14) (昨日食べたフランス料理の味が忘れなくて)
　　　　あの料理はうまかったなあ。
(4. 15) (精密検査の結果、胃の潰瘍があることが発見されたと
　　　　する。すると自分は自分の感覚によってではなく、概
　　　　念的理解によって自分の胃に異常物があることを知っ
　　　　ていることになる。そこで、例えばある朝目が覚めて,
　　　　この潰瘍のことが心に浮かび)
　　　　一体それはどんな色をしているのだろうか。
　　　　(黒田、1979:47)

　堀口(1978a)では、この用法を文脈指示用法(本稿の非現場指示
用法に当る)の根本になる用法であるとしながら、文脈指示用法
としては認めていない。要するに、堀口は、自分の観念に存在す
るものを現に文脈の上に表して始めて文脈指示になると言って、
本稿の独立的話題指示を文脈指示の一つではなく「観念指示」と定
めている。即ち、堀口は、観念の対象が自分の話題の対象に上
がっても、指示対象とされる素材がコソアの前あるいは後に文字

化して明示されるものでなければ文脈指示と扱っていないわけである。

　この区分にいかなる意味があるのかよくわからない。かえって、このような区分によってコソア用法の習得がもっと難しくなるのではないかという気もする。例えば(4.16)の「あの時」が観念指示か文脈指示か、その区分を明確にするのは困難である。

　(4.16) A：令子と巡り合ったのはもう5年前だね。
　　　　 B：あの時はみんなよかったなあ。

　従って、コソアの用法の全体像をなるべく単純化しながら非現場指示の体系を用法の連続性の観点から見るために、非現場指示における原形的なものが独立的話題指示であるという考え方が妥当であろうと思う。

　コソア用法の連続性の観点から見ると、この独立的話題指示を始めとする非現場指示の用法は、現場指示の用法から派生したものであると考えられる。この独立的話題指示に限ってみると、独立的現場指示の用法で用いるコとアと、相対的現場指示の対立型の用法で用いるソとが、その原形ではないかと思われる。なぜなら、独立的話題指示に用いるコとアの用法は，指示対象を自分(話し手)が知っていても、それを身近なものとして想定するか、遠いものとして想定するかによって区分されているので、現に自分の目にするかどうかの問題を除けば、独立的現場指示に用いるコとアの用法と同様だからである。そして、独立的話題指示に用いるソの用法は自分が知らないと想定している場合のみに使うので、自分の意識の「場」では、自分の外の「相手の領域」というすでに潜在している相対的現場指示の対立型のソの用法があるからそれを導入して用いるのである、という見方である。

4-2-2-2　相対的話題指示

指示対象：知覚の可否には無関係に自分あるいは相手の表現内
　　　　　容にある話題性をもっている経験的知識・記憶の素材
言語行為：主に、対話形式
「場」の状況：話し手、聞き手、指示対象が存在
使用語彙：ソ、ア
きまり：指示される対象が話し手と聞き手との共有の体験的知
　　　　識や記憶を保ちあっている素材であると想定した場
　　　　合、それを話し手が言及したり聞き手が確認したりす
　　　　る時(4. 17)のようにアを用いる。この時のアを「共有の
　　　　ア型」と呼ぶ。
　　　　指示される対象が話し手と聞き手の中にいずれかの一
　　　　方的、あるいは皆無の体験的知識や記憶の素材である
　　　　と想定した場合、それを丁寧に話し手が言及したり聞
　　　　き手が確認したりする時(4. 18)、(4. 19)のようにソを用
　　　　いる。この時のソを「非共有のソ型」と呼ぶ。
　　　　指示される対象が話し手と聞き手の中の話し手の一方的
　　　　な体験的知識や記憶の素材であると想定した場合、それ
　　　　を丁寧さなしに話し手が言及する時(4. 20)〜(4. 22)のよ
　　　　うにアを用いる。この時のアを「非共有のア型」と呼ぶ。

例文:

(4.17) A：きのう山田君にあった。<u>あいつ</u>は随分かわった人だ
　　　　　　ね。

　　　　B：<u>あいつ</u>は変人だよ。

(4.18) A：小学校の時に好きな先生が一人だけいます。<u>その</u>先
　　　　　　生は若い先生でしたが、私たちに本のおもしろさを
　　　　　　教えてくださいました。

　　　　B：きっといい先生だったんでしょうね。

(4.19) 学生：先生は孝という食堂ご存じですか。

　　　　先生：いいえ、知りません。<u>その</u>店は和食に店ですか。

(4.20) 学生：この本、ミラーという人が書いたそうなんです
　　　　　　　が、どこの人ですか。

　　　　先生：君，<u>あの</u>先生を知らないのか。（金水・田窪編、
　　　　　　　1992:115）

(4.21) 総務課に田中って人がいるから、<u>あの</u>人に聞いてみた
　　　　ら？（迫田、1996:50）

(4.22) A：山田太郎先生って、どんな方でしたか。

　　　　B：<u>あの</u>先生はとてもやさしい人ですよ。

　これまでの非現場指示の諸研究は、主としてこの相対的話題指
示の「ソとアの使い分け」を中心に議論されている（「3-3-2　文脈指
示のソとアの使い分けについて」参照）。概念規定の難解さを伺う
ことができるが、再度簡略に整理すると次の三つの考え方に大別
することができる。

(1) 松下(1930)や久野(1973)の共有知識説は、ほぼすべての日本
語教育の現場で採用している規定で、ソとアの使い分けの用
觎の多くを簡潔に説明することができるが、上記の(4. 20)〜
(4. 22)のアのような場合等は説明しにくい。即ち、アは「共
有知識」ではない時にも用いることができるということであ
る。阪田(1971)や堀口(1978)、吉本(1992)は、このようなアだ
けを話し手の一方的な回想、思い入れを表すアであると述べ
ている。

(2) 一方、黒田(1979)は共有知識説という考え方によってソとアが
選択されるのではないと言う。話し手または聴き手が対象を
「良く知らない」場合にはソを用いるといっただけでは単に直
接的な記述の域に留まると言いながら、「話し手・聞き手」を
はずした、話し手だけが対象を概念的知識として指向すると
ソを、直接的知識として指向するとアを用いると唱えてい
る。堀口(1990)、春木(1991)もほぼ同じ考え方で、掘口はアは
指示対象が観念の中で明確な存在でしかも何らかの意味で遥
かな存在である場合用いるとし、また春木はアは話し手の知
識・記憶の心的イメージを指しているという。従って、黒田
や堀口、春木の考え方によれば、上記の(4. 20)〜(4. 22)のよ
うなアの用い方の説明が明解になる。しかし(4. 23)のような
場合はなぜアが誤用ないし不自然で、ソが自然なのかの説明
が容易ではない。

(4. 23) 僕は大阪で山田太郎という先生に教わったのですが、そ
の(*あの)先生が僕に哲学の道を薦めてくださったんで

　　　す。(迫田、1996:50)

(3)　迫田(1996)は、先行研究の代表的な二つ考え方の相違点を見極
　　めながら、ことに、(4. 20)〜(4. 22)のようなアの用法と(4. 23)
　　のようなソ系の用法に焦点を当てながら、ソとアの使い分け
　　には「共有知識」以外の重要な要因として話し手中心と聞き手
　　中心という二つの立場が働いているとしている。二つの立場
　　の変化は上下関係と親疎関係によるという。つまり聞き手と
　　の上下関係(聞き手が目上の場合)の差があればあるほど、新
　　密度が低ければ低いほど聞き手への配慮が必要になってソを
　　用い、そうでないとアになりやすいということである。(具体
　　的なことは「3-3-2文脈指示のソとアの使い分けについて」参
　　照)

　　以上の三つの考え方の流れを踏まえて考えると、迫田(1996)の「二
立場説」(聞き手の存在を意識していない話し手中心の立場と聞き
手を配慮する聞き手中心の立場)は、従来のソとアの使い分けの
主要問題点である((4. 20)〜(4. 23)のような指示詞用法を簡単明瞭
に解き明かしているようである。日本語教育のコソア教授-学習に
おいて、ことに「ソ→ア」の誤用傾向を解決するためにも、「共有
知識」とともに「二立場」という日本人の認知構造の詳細を上手に
理解させるべきであると思う。
　　ここで、さらに次のことを検討する。
　　「聞き手配慮」の探索領域を連続的なものに考えることはできな
いかということである。迫田は「聞き手配慮」の引き金になるのは

上下・新疎関係に差がある場合で、上下に差がなく親しい間柄で
あれば聞き手配慮の影響が現れないし、上下に差があって親密度
が低ければ聞き手配慮が必要となるという。これを図で表すと(4.
24)のようであろう。

(4. 24) 話し手の直接的知識・記憶の対象が聞き手にとって概念
　　　　でしか捉えられない対象である場合の、「聞き手配慮」
　　　　の有無によるソとアの使い分け

	ア(聞き手を配慮しない)	ソ(聞き手を配慮する)
話し手と聞き手との関係	上下関係の差がない、親しい間柄である。	上下関係(聞き手が目上の場合)の差がある、また親密度が低い。

　この(4. 24)はソとアの使い分けを一律に二分している。たとえ
この場合の同じアでも、(4. 25)のアと(4. 26)のアが果たして日本
人の認知構造における同じ「聞き手配慮」によって選択された指示
形式なのか疑問を感じさせられる。つまり、(4. 25)のアは、「聞
き手配慮」をするべきではない状況、言い替えれば聞き手の存在
を意識しなくて当然な徹底的な話し手中心の立場のものであると
思う。アが許容されるばかりか、アが自然であると判断される。
しかし、(4. 26)のアは、「聞き手配慮」をすることも、しないこと
もできる状況であるが、何らかの要因(会社の先輩が後輩に対し
て言う場合等)が働いて「聞き手配慮」をしないほうになってし
まったとみることができる。アになる何らかの制限要因というの

は、指示行為に中立的に先行詞を指し示めす照応性(以下「照応性」
と略称する)より知識、経験の心的イメージを指し示す話題性(以
下「話題性」と略称する)が色濃く反映されているということでは
ないかと思う。

(4. 25) A：バスの中で、素敵な人にあったわよ。

　　　　B：ふふん。

　　　　A：あの人にもう一度会えないかしら。

　　　　　（『現代日本語コ-ス中級Ⅱ』、1989:235)

(4. 26) 総務課に山田って言う人がいるから、あの人に聞いてみ
　　　　たら？（迫田、1996:50)

(4. 27) 総務課に山田って言う人がいますから、その人に聞いて
　　　　みてください。

(4. 28)（学生が教授に）きのう中学時代の友達に会ったんです
　　　　が、その友達が就職口を捜してくれると言ってくれま
　　　　した。

ソも、(4. 27)のソと(4. 28)のソとが一概に「聞き手配慮」の同じ
ソとはいいにくい。(4. 27)のソは、「聞き手配慮」をしてもしなく
てもいい状態であるが、何らかの要因が働いてするほうになって
しまったと見ることができる。ここで働く要因というのは話者の
指示行為に話題性より照応性が色濃く反映されているということ
である。しかし、(4. 28)のソは確実に「聞き手配慮」をしなければ
ならない徹底的な聞き手配慮の立場のもので、ソが許容されるか
どうかの場合ではなく、ソが自然で当たり前な場合であると判断

される。

　従って、筆者は「聞き手配慮」の有無によるソとアの使い分け
は、次の(4. 29)のように、プロトタイプ論的に、両端にアとソに
決っている原形的なものがあって、そこから連続性を持ちながら
派生されていく認知構造になっていると考える。このような見方
により、ソとアの使い分けはより明確なものになるだろう。

(4.29)　既知の指示対象が聞き手にとって未知である場合の、「聞
　　　　き手配慮」の有無によるソとアの使い分け

		ア(聞き手を配慮しない)		ソ(聞き手を配慮する)	
		0 ←── 0 ──｜── 0 ──→ 0			
		原形的 ア			原形的 ソ
		↓	↓	↓	↓
		(4.25)のア	(4.26)のア	(4.27))のソ	(4.28)のソ
選択要因	イメージ	極大	大	小	極小
	照応性	極小	小	大	極大

4-2-2-3　単純照応指示

　指示対象：一続きの叙述の文が完了しないうちに、あるいは一
　　　　　　貫性のある文連続の中のある素材
　言語行為：主に、談話、アナウンスメント、論説、小説など、
　「場」の状況：話し手(書き手)、聞き手(読み手)、指示対象が存在
　使用語彙：ソ、コ
　きまり：指示される対象は話し手あるいは聞き手の経験によっ

て得られた知識、記憶とは無関係のもので、仮定され
た出来事、予想される出来事または一般的な事柄を平
静に指し示したいと想定した場合、ソと場合によって
はコを用いる。この場合のコは、一続きの敘述が完了
した後で、その敘述内容のことを「明瞭な存在」として
対象化し、生き生きと目の前に指示したいとした時だ
け用いられる。コが用いられる時はソと交替可能な場
合が多いが、(4. 35)のようなコの後方照応の場合は、
交替不可能である。そして、(4. 36)のような文章の中
で引用として提示した文や写真や図などを直接指し示
す場合もコのみが用いられる。

例文:

(4. 30) 事件を起こしたその張本人が知らん顔をしている。
   (金水、1990a:64)

(4. 31) ラッコは海底から手頃な石を拾ってきて腹の上に乗
   せ、それに貝を叩き付けて割って食べる。

(4. 32) 素敵な人が現れたら、その時に結婚するわ。

(4. 33) すぐ雨が上がりますから、それを待ちなさい。
   (堀口、1978b:39)

(4. 34) そうすればお金がなくなるでしょう。その時どうしま
   すか。(田窪、1987:106)

(4. 35)) これはだれにも言わないで欲しいのですが、私は実は
   猫が怖いです。(金水他、1989:46)

(4. 36)) "閑さや岩にしみ入る蝉の声"

　　<u>これ</u>は、芭蕉が山形県の立石寺で詠んだ発句である。

　　（金水他、1989:45)

　この単純照応指示に関しては、今までは構文論の<u>立場</u>においての問題として、コとソの指示目標が文脈の中のどこに、どんな形でどういう特徴を持って存在しているかについての分析が多いようである(林(1972)、田中(1981)など参照)。もちろんこのことは、場合によってコソアの働きをどう見るかによって、文意の理解が大きく変わることがあるから、日本語の文意の性格を考える上に重要であると考える。しかしながら、このような分析と相伴って、どういう場合、いかなる原理をもって、どのような指示形式を用いるのかについての分析はなされていないようである。今までの先行研究からみると、多くの場合、この単純照応指示用法を一つの統一された文脈指示用法の中の特殊な形として扱ったり、話し手が自分の表現の内容を対象として指示表現をする文脈指示用法の一部分として規定して把握していると言えよう。例えば、金水(1988)では、文脈指示用法の全体をコ、ソ、ア別に分けており、その中のソの用法においては二種があって、一つは相手側に属する要素をマークするソ、あと一つは本稿でいう単純照応指示のソ、というように捉えている。又、堀口(1978)では、文脈指示の用法の全体を、相手の表現の内容を指示の対象にするものと自分の表現の内容を指示の対象にするものとの二つに大別して、後者には中称ソでしか表せない用法があると本稿でいう単純照応指示のことを説明している。

　ここで、単純照応指示と話題指示との指示行為の「場」の違いを明確にする必要があると思う。

　ソとアの使い分けの誤用の原因に、その度ごとの非現場指示が、「経験的知識・記憶の場」で行われる指示行為(以下「話題指示」と称する)か、そうでなくて「単なる言語的探索領域の場」で行われる指示行為(以下「単純照応指示」と称する)かが区別できなかったことがあると思う。実際、単純照応指示にはもとよりアは用いられない。しかし、上級の日本語学習者までアを用いてしまう誤用齟がよく目に付く。例えば、(4. 32)〜(4. 36)にアを用いてしまう場合である。この現象は話題提示と単純照応指示に関する理解不足にその原因を探すことができると思う。

　久野(1973)も実世界における指示対象をよく知っているかいないかによってアとソが使い分けられるという。黒田(1979)も指示対象が直接的知識の対象であればア、概念的知識の対象であればソになるという。しかし、この両者もこの指示行為の「場」である「経験的知識・記憶の場」の概念規定がはっきりしているとは言えない。つまり、単純照応指示と話題指示との境界が明確ではなさそうである。

　筆者は「単純照応指示」と「話題指示」との違いを次のように考える。

　単純照応指示:

　指示される対象は話し手あるいは聞き手の経験によって得られた知識、記憶とは無関係な単なる先行詞あるいは後行詞で、仮定された出来事、予想される出来事または一般的な事柄を指し示したいと想定したとき用いる非現場指示。この「場」に現れることができる指示形式は照応性だけを保っているソとコである。アは現れない。

話題指示：

指示される対象は話し手あるいは聞き手の経験によって得られた知識、記憶と密接に関係がある話題性がある素材で、それを話し手が言及したり、聴き手が確認したりするとき用いる非現場指示。この指示行為の「場」に現れることができる指示形式はソとアで、多かれ少なかれイメージ(話題性)と照応性の二面性を保っているといえる。

非現場指示のソとアの使い分け問題は、アが用いられない単純照応指示を明らかにすることによって、話題指示に的を絞ることができると思う。

以上、六つの「場」の状況別指示詞コソア用法の分析を試みた。全体的なコソアの運用上の変異性に気を配りながら、現場(眼前)に存在する指示の形式(deictic element)から単純照応の指示形式までの概念規定を、系統的なものとして捉えようとしたわけである。その結果、独立的現場指示(コ、アだけを用いる独り言、内言等)の用法が日本語の指示語用法の原形的、基本的ものでそれが他の用法に派生していくという仮説は、日本語の指示語使用と社会性の関係と関連しているということが言えよう。

佐久間(1951)では、幼児の言葉はソ系の指示形式の語彙が用いられないと指摘している。つまり、聞き手を考慮するという社会性が未発達のために、自己の知覚する「近・遠」の差によるコ・アだけで指示対象を指し示すということである。であるとすれば、これは独立的現場指示の用法そのものである。要するに、幼児が大きくなるにつれて「コ・ア」の世界が、聞き手を考慮する社会性がある「コ・ソ・ア」の世界に入るのと同じように、独立的現場指示の用法に相手が現れて相対的現場指示の用法などに派生していくという論理が成り立つわけである。

　以上のように、「指示詞用法の連続性」に基づいた「場」の状況の理論を以って、コソア用法に関する「コソア用法を統一的に説明する」という課題は、ある程度解決されたと思う。無論、このような「場」の状況による派生論理にも問題はあるかもしれないが、他の個別言語より比較的独特な体系で、複雑な使い分けの規則を持つといわれる指示詞コソア用法を見極めるために、もっと大いに検討すべき試みではないかと思う。

4-3　場の状況別コソア用法と韓国語「이그저」との異同

　ここでは、「4-2」で探ってみた「場」の状況別コソア用法に基づいて韓国語の「이(i)・그(gue)・저(jeo)」との対照分析を行って、その異同を明らかにする。

4-3-1　現場指示用法

4-3-1-1　独立的現場指示

〈使用語彙及びきまり、その用例〉

日本語	きまり	用例	韓国語
コ	指示されたものが自分の関心があるもので、自分に近いと想定した場合用いる。	(4. 37)	이(i)
ア	指示されたものが自分の関心があるもので、自分に遠いと想定した場合用いる。	(4. 38)	저(jeo)

(4. 37)（玄関の前にある黒い箱を触りながら、一人でつぶや
　　　　く。）これは何だ？〈이것은 무엇이고?〉

(4. 38)（空を飛んでいる鳥を見上げながら、一人でつぶやく。）
　　　　僕もあの鳥のように飛ぶことができれば… 〈나도 저 새
　　　　처럼 날 수가 있다면…〉

　知覚対象指示ともいわれるこの用法は、簡単に言えば、話し手
が独自に知覚する空間的指示対象を「近・遠」の差による「コ/이(i)・
ア/저(jeo)」だけをもって指し示す、という規則をもつものであ
る。ここでいう「近・遠」の差というのは主観的捉え方による位置
設定であるが、概略、自分の手が届く範囲内は「近」、それより遠
ければ「遠」と言えよう。これを図で表すと(4. 39)のようになる。
この用法では、両指示詞の相違点が見られない。

(4. 39) 独立的現場指示の比較

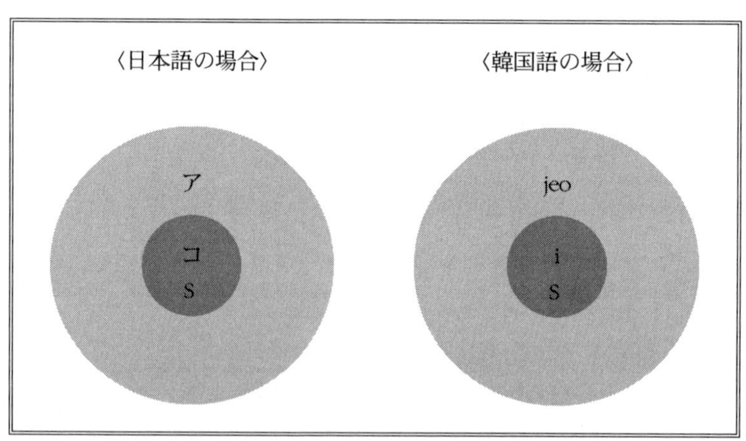

　ここで注目したいことは、この用法にはソが現れない。韓国語の場合も全く同様で、いわゆるソに当るユ(gue)は現れない。このことは、聞き手を考慮する必要がない独立的現場指示用法には「ソ/ユ(gue)」はもとより存在していないもので、結局、「ソ/ユ(gue)」は聞き手と何らかの係わりを持つ指示形式であることが推測できる。

4-3-1-2　相対的現場指示の融合型

〈使用語彙及びきまり、その用例〉

日本語	きまり	用例	韓国語
コ	指示対象が我々(話し手と聞き手)の関心があるもので、我々の近くにあると想定した場合用いる。	(4. 40)	이(i)
ア	指示対象が我々(話し手と聞き手)の関心があるもので、我々の遠くにあると想定した場合用いる。	(4. 41)	저(jeo)
ソ	指示対象が我々(話し手と聞き手)の関心があるもので、ア系で指すには近すぎるし、やや遠いと想定した場合用いる。	(4. 42)	
	指示対象が我々(話し手と聞き手)の関心がある近くもそう遠くない漠然とした場所を指す時用いる。	(4. 43)	

(4. 40) (A、B両者の手元にある一つの人形を指しながら)

  A：<u>これ</u>は誰の人形ですか。〈<u>이것</u>은 누구의 인형입니까?〉

  B：<u>これ</u>は妹の人形です。〈<u>이것</u>은 여동생의 인형입니다.〉

(4. 41) (空に飛んでいる飛行機を指さしながら)

  子：<u>あれ</u>が飛行機なの。〈<u>저것</u>이 비행기야?〉

  母：そうよ、<u>あれ</u>が飛行機だよ。〈그래, <u>저것</u>이 비행기다.〉

(4. 42) お客：<u>そこ</u>の煉瓦の建物の前に停めてください。〈<u>저기</u> 벽돌건물 앞에 세워 주십시오.〉

  運転手：<u>そこ</u>の角のところですね。〈<u>저기</u> 모퉁이 말이지요?〉

(4. 43) A：お出かけですか。〈어디 가십니까?〉
  B：はい、ちょっと<u>そこ</u>まで。〈예, 좀…〉

　この用法は、話し手と聞き手が融合している「場」がその前提になって、話し手と聞き手とによる「我々に近い」という領域を作るところから現れ始める指示形式である。即ち、日本語の場合は言語主体の「場」の状況の中で「我々に近い」という領域内のものをコで指し示し、領域外で比較的近ければソで、それより遠ければアで指し示す。一方、韓国語の場合は、「我々に近い」という領域内のは「이(i)」で指し示し、領域外のものは全て「저(jeo)」で表す。しかし、(4. 43)の「そこ」のような指示形式は持っていない。従って、次の(4. 44)の比較からでも分かるとおり、この用法において

は、コ系の範囲と「이(i)」系の範囲が多くの場合対応して、ソとア
を合わせた範囲と「저(jeo)」の範囲が極めて類似している。

(4. 44) 相対的現場指示の融合型の比較

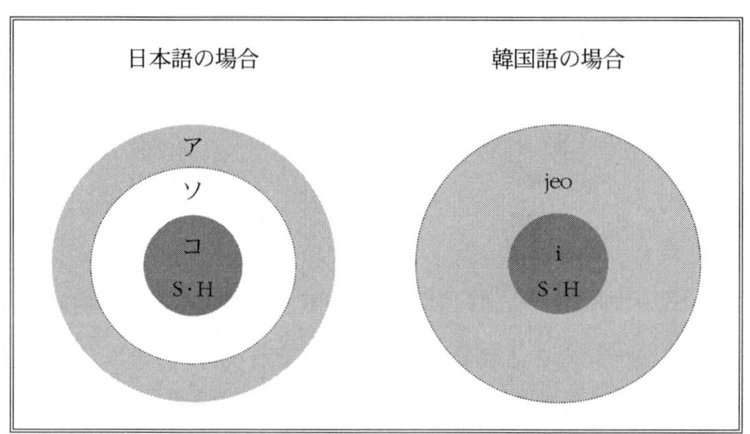

　ここで気付くのは、独立的現場指示とこの用法との「指示詞用
法の連続性」のことである。言い換えれば、原形的な独立的現場
指示の状況に融合的な聞き手が現れて生じた相対的現場指示の融
合型は、独立的現場指示とどのようなつながりがあるかというこ
とである。韓国語の場合は独立的現場指示の状況に融合的な聞き
手が現れても、用法そのものは全く同じである。しかし、日本語
の場合はもとの独立的現場指示のアの用法がソとアとの二つに分
かれてしまった。即ち、もとの遠称のアが、融合的な聞き手が現
れることによって、中称のソともとの指示範囲より狭くなった遠
称のアに細分されることになったわけである。(以上、図(4. 39)と
図(4. 44)参照)

4-3-1-3　相対的現場指示の対立型

〈使用語彙及びきまり、その用例〉

日本語	きまり	用例	韓国語
コ	指示対象が自分(話し手)の領域にあると想定した場合用いる。	(4. 45)	이(i)
ソ	指示対象が相手(聞き手)の領域にあると想定した場合用いる	(4. 46)	그 (gue)

(4. 45) (講演中講師が一冊の本を聴衆に見せながら)

　　　　講師：この本を見ると総てのことが分かります。〈이 책

　　　　을 보면 모든 것을 알 수 있습니다.〉

　　　　聴衆中一人：先生、その本いくらですか。〈선생님, 그 책

　　　　얼마입니까?〉

(4. 46) (BがAの背中を掻いている)

　　　　A：もうちゅっと上を掻いてくれ。〈좀 더 위쪽을 긁어줘.〉

　　　　B：ここですか。〈여기입니까?〉

　　　　A：うん、そこ。〈응, 거기〉

　この用法は話し手と聞き手が対立している「場」がその前提になって、自分(話し手)の領域と相手(聞き手)の領域を作るところから現れ始める指示形式である。即ち、日本語の場合は、言語主

体の「場」の状況の中で自分と相手の領域を作ると、その自分の領域内のものをコ(これを自称のコと呼ぶ)で、相手の領域内をソ(これを対称のソと呼ぶ)で表す。一方、韓国語の場合は、自分の領域内は「이(i)」で、相手の領域内は「그(gue)」で表す。従って、両語とも、この「場」の状況の中では「ア/저」が現れない。無論、相対的現場指示の融合型の「場」に現れるいわゆる中称のソの形式もここには現れない。(4. 47)の比較からでも分かるとおり、この用法では両指示詞の相違点が見られない。

(4. 47) 相対的現場指示の対立型の比較

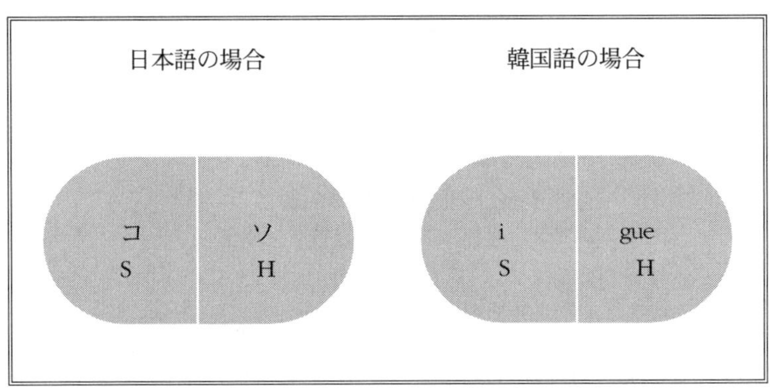

　ここで気付くのは、「指示詞用法の連続性」のことである。言い換えれば、原形的な独立的現場指示の状況に対立的な聞き手が現れて生じた相対的現場指示の対立型は、独立的現場指示の用法とどのようなつながりがあるかということである。両語とも、独立的現場指示の状況に対立的な聞き手が現れることによって対称の「ソ/그(gue)」が初めて現れ聞き手の領域をカバーする。それと同

時に、もとの近称の「コ/이(i)」が自分の領域(自称)の「コ/이(i)」に
変わるし、遠称の「ア/저(jeo)」は姿を消してしまう。

4-3-2　非現場指示用法

4-3-2-1　独立的話題指示

〈使用語彙及びきまり、その用例〉

日本語	きまり	用例	韓国語
コ	観念に存在している指示されるものが話題性のある自分の経験的知識や記憶のもので、それをまるで眼前にあるかのように生き生きと指し示すと想定した場合用いる。	(4. 48)	이(i)
ア	観念に存在している指示されるものが、話題性のある自分の経験的知識や記憶のもので、それを強く指し示すと想定した場合用いる。	(4. 49)	그 (gue)
ソ	観念に存在している指示されるものが自分に係わりのうすい知らないもので、平静に指し示すと想定した場合用いる。	(4. 50)	

(4. 48)（自分の息子がまた犯罪を起こして、牢に閉じ込められ
　　　たことを思い出しながら、一人でつぶやく。）こいつは
　　　どうしたものか。〈이 놈은 어떡하지？〉

(4. 49)（昨日食べたフランス料理の味が忘れられなくて）あの料

理は本当においしかったなあ。〈그 요리는 정말로 맛있었^{gue}
다.〉

(4. 50) (精密検査の結果、胃に潰瘍があることが発見されたと
　　　する。すると自分は自分の胃に異常物があることを
　　　知っていることになる。そこで例えばある朝目が覚め
　　　て、この潰瘍のことが心に浮かび）一体それはどんな色
　　　をしているのだろうか。〈도대체 그것^{gue}은 어떤 색을 하고 있
　　　을까?〉(黒田、1979:47)

　「観念対象指示」とも呼ばれるこの用法は、聞き手がいない「場」
の状況の中で浮かんでいる指示対象を指し示すものである。例え
ば、(4. 51)、(4. 52)の場合、一見聞き手(読み手)の存在を考慮する
相対的話題指示の用法のように見えるかもしれないが、指示行為
を行う「場」の状況は話し手一人が存在する独立的話題指示のもの
なのである。

(4. 51) (日記で)昨日、生協で可愛い女の子がレジを打ってい
　　　た。あの子は、何才だろうか。もう、彼氏はいるのだ
　　　ろうか。明日も昼メシを買いに行こう。
(4. 52) Ａ：岡崎先生を知っていますか。私は今名前をちょっと
　　　聴いただけですけど。
　　　Ｂ：あー、あの人はとてもやさしい人だなあ。

　ここで注目したいことは、韓国語の場合、この用法を始めとする非現場指示の用法全体を通しても「저(jeo)」が全く現れない。従って「現場指示的」な「이(i)」を除けば、非現場指示の全てを「그(gue)」一つでまかなっているのである。

4-3-2-2　相対的話題指示

〈使用語彙及びきまり、その用例〉

日本語	きまり	用例	韓国語
ア	指示されるものが話し手と聞き手との共通の経験的知識・記憶を保ちあっている話題性がある素材であると想定した場合、それを話し手が言及したり聞き手が確認したりする時用いる。本稿では、これを「共有のア型」と呼ぶ。	(4. 53)	그 (gue)
	指示されるものが話し手だけの一方的な経験的知識・記憶の素材であると想定した場合、それを丁寧さなしに話し手が言及する時用いる。本稿では、これを「非共有のア型」と呼ぶ。	(4. 56) (4. 57)	
ソ	指示されるものが話し手と聴き手の中のいずれかの一方ないし皆無の経験的知識・記憶の素材であると想定した場合、それを話し手が言及したり聞き手が確認したりする時用いる。本稿では、これを「非共有のソ型」と呼ぶ。。	(4. 54) (4. 55)	

(4. 53) A：きのう金君にあった。あの人は随分変わったひとだ
　　　　ね。〈어제 김군을 만났다. 그[gue] 사람은 상당히 색다른 사람
　　　　이야.〉

　　　　B：あいつは変人ですよ。〈그[gue] 놈은 괴짜입니다.〉

(4. 54)　A：昨日、中学校のバレー部の先輩に会ったんだけど、
　　　　その先輩小さい子供5人といっしょで、びっくりし
　　　　たわ。어제, 중학교 때 배구부 선배를 만났는데, 그[gue] 선배
　　　　애가 5명이라 놀랬어.〉

　　　　B：僕たちも早く赤ちゃんがほしいね。〈우리도 빨리 애
　　　　기를 가졌으면 좋겠어〉

(4. 55) A：昨夜「人間とは」という本を読んだけど、あなた知っ
　　　　てますか。〈어젯밤 「인간이란」이라는 책을 읽었는데, 당
　　　　신 알아요？〉

　　　　B：うーん、その本どういう内容の本ですか。〈음, 그[gue] 책
　　　　어떤 내용의 책입니까？〉

(4. 56) A：この本、ミラーという人が書いたそうなんですが、
　　　　どこの人ですか。〈이 책, 미라라는 사람이 썼다는데, 어
　　　　디 사람입니까？〉

　　　　B：君、あの先生を知らないのか？　〈자네 그[gue] 선생님을 몰
　　　　라？〉

(4. 57) 総務課に山田っていう人がいるから、あの人に聞いてみ

たら？〈총무과에 야마다라는 사람이 있으니까, 그[gue] 사람에게

물어봐.〉

　この用法は、次の(4. 58)のように、日本語の相対的話題指示の
場合は、指示対象が両者(話し手と聞き手)にとって話題性のある
経験的知識・記憶(本研究では、これを「既知」とも呼ぶ。)なのか、
そうでない(本研究ではこれを「未知」とも呼ぶ。)かによってアとソ
に使い分けられている。一方、韓国語の場合は、全ての指示対象
を「ユ(gue)」一つで指し示している。

(4. 58) 既知/未知の区分による両語の相対的話題指示の関係

〈日本語の場合〉　　　　　　　〈韓国語の場合〉

話し手／聞き手	既知	未知
既知	ア	ソ
未知	ソ・ア	ソ

話し手／聞き手	既知	未知
既知	ユ[gue]	ユ[gue]
未知	ユ[gue]	ユ[gue]

　(4. 58)から、日本語のほうが韓国語より指示対象に対する話し
手の指示行為の談話管理が複雑な構造になっていることが分か
る。即ち、日本語のほうは、自分(話し手)の話題性がある指示対
象に対する知識いかん(既知か、未知か)の一般的な立場から、そ

の指示対象についての相手(聞き手)の知識いかん(既知か、未知か)と上下・親疎関係による丁寧度を指示詞選択要因とし、それを常に考慮してソ或はアを選択せざるを得ない構造を保っているわけである。

4-3-2-3 単純照応指示

〈使用語彙及びきまり、その用例〉

日本語	きまり	用例	韓国語
ソ	指示される対象は話し手の存在と相手の発言とは無関係なもので、仮定された出来事、予想される出来事または一般的な事柄を平静に指し示したいと想定した場合用いる。	(4. 59) (4. 60) (4. 61) (4. 62) (4. 63)	ユ (gue)
コ	指指示される対象は話し手の存在と相手の発言とは無関係なもので、「明瞭な存在」として対象化し、「現場指示的」に生き生きと指し示したいと想定した場合用いる		이(i)

(4. 59) 一目会った<u>その</u>日から愛の花咲くこともある。〈첫 눈에 반한 <u>그</u> 날부터 사랑이 꽃필 수도 있다.〉

(4. 60) もし適当な候補者が見つかったら、<u>その</u>人の名前を知らせてください。〈혹시 적당한 후보자가 있으면, <u>그</u> 사람 이름을 알려 주십시오.〉

(4. 61) そうすればお金がなくなるでしょう。その時どうします
か。〈그렇게 하면 돈이 없어지잖아요. 그 때는 어떻게 해
요?〉

(4. 62) 太郎は花子にプレゼントを渡そうとした。しかし、花子
はこれ/それを受け取らなかった。〈타로는 하나코에게 선
물을 주려고 했다. 그러나 하나코는 이것/그것을 받지 않았
다.〉

(4. 63) これはだれにも言わないでほしいのですが、私は実は猫
が恐いのです。〈이것은 아무에게도 말하지 않았으면 하는
데, 나는 실은 고양이를 무서워한다.〉

　非現場指示用法の中でこの単純照応指示だけがまったくそのま
ま対応している。「コ/이(i)」は無論「現場指示的」なものであると思
う。しかし、「ソ/그(gue)」は異質で、他の用法の「場」とは余りつ
ながりがない独特なもののようにも見えるが、自分の係わりが弱
い指示対象を平静に指し示す独立的話題指示のソ系の用法からの
派生が考えられる。
　以上、「場」の状況別指示詞コソア用法と韓国語の指示詞「이(i)・
그(gue)・저(jeo)」用法との対応関係を探ってみた。これを一つの表
でまとめると、次の(4. 64)のようになる。

(4. 64)「場」の状況別コソア用法と「이(i)・그(gue)・저(jeo)」用法と
の総合的比較

現場指示	独立的現場指示	コ————————이(i) ア————————저(jeo)
	相対的現場指示の融合型	コ————————이(i) ソ（一部除く） ア————————저(jeo)
	相対的現場指示の対立型	コ————————이(i) ソ————————그(gue)
非現場指示	独立的話題指示	コ————————이(i) ソ ア————————그(gue)
	相対的話題指示	ソ ア————————그(gue)
	単純照応指示	コ————————이(i) ソ————————그(gue)

　第4章では、日本語教育のための新しい試みとして「場」の状況
別指示詞コソアの用法を明らかにし、それに基づいて日韓両指示
詞の異同について探ってみた。以上のことから、日韓両指示詞に
は類似点も多く観察されるが、相違点も少なくないことが明らか
になった。今後、これを足掛りにして、韓国人日本語学習者のコ
ソアの習得状況を調査・分析して、日本語教育に役立つ指示詞コ
ソアの指導法を提示する。

第5章

日本語学習者
指示詞コソアの習得調査

　ここでは、指示詞コソアの習得に関する先行研究を踏まえて、韓国人学習者の指示詞コソアの習得状況を選択肢テストと会話による調査に分けて明らかにする。

5-1 コソアの習得に関する先行研究

　韓国人学習者の誤用例を中心とした指示詞コソアの習得に関する先行研究には、以下のものがある。

　梅田(1982)は、韓国人学習者の文脈指示の時、例外なくソと言うべきところにアを用いると言いながら、その誤用の原因について次のように述べている。

　コ・ソ・アの具体指示(現場指示)の用法を文脈指示にもそのまま適用して、眼前にないものを「遠称」のアで指示する誤りと考えた方がよいかもしれない。(梅田、1982:183)

　申(1985)は、韓国人学習者92人に穴埋めテストを用いて調査し、ソとアの使い分けの誤答率が高いことについて、韓国語と日本語のずれが原因であるという。

　田窪(1987)は、現場指示用法はほぼ問題ないが、文脈指示の次の(5. 1)のような例の時、韓国語では「そのとき」を使うのでまちがえるはずがないのに「あの」になってしまう現象について次のように説明している。

　(5. 1) そうすればお金がなくなるでしょう。<u>あの</u>ときどうしますか。(田窪、1987:106)

　注目すべきは、これらの間違いが、…(中略)…母国語である韓国語からの影響をほとんど受けていないのである。…(中略)…外国語学習者一般に見られるものとすることもできるかもしれない。この時の学習者の心理状態を推測すると、まず文脈指示と現場指示の区別がなくなっている。次に現場指示のうち自分の領域と聞き手の領域の区別もなくなって、いわば独り言を言っているような状態になっている。さらに、独り言でも未来のことは、日本語でも「そ」の系列で受けるが、この場合は「今現在」の自分との心理空間的距離のみを基準に指示詞を使っているので「あ」を使ってしまうのではないだろうか。(田窪、1987:106-107)

　新村(1992)とHayashi & Niimura(1994)は、アメリカ在住の日本語学習者への筆記による穴埋めテストから、コソアの習得は上級レベルでも難しいこと、特にソとアの使い分けが困難であることを示している。

　守屋(1992)は、中級後半から上級の日本語学習者に対する筆記による穴埋めテストのコソア使用調査からソをアとする誤用が多いことを指摘しながら、アの文脈指示(非現場指示)用法が的確に習得されていない可能性があると述べている。

　安(1996)は、韓国と日本で日本語を習っている韓国人学習者138人を対象に選択肢テストを行って、コソアの非現場指示の習得の状況を母語の干渉の観点から分析、次のように述べている。

　初級では韓国語のルールを積極的に適用するが、中級では一時的に選択基準が揺れる傾向がある。…(中略)…「ソ」系と「ア」系は母語の干渉を強く受け、上級になっても誤用が消滅しない。(安、1996:1)

　上垣(1996)は、中国語、英語、韓国語を母語とする日本語学習者50人を対象にして、文脈指示(非現場指示)用法の使い分けを聴解テストの形式によって調査した。その結果、話し手が持ち出した物事を再度指し示す場合に用いられるソの用法に誤りが多い、母語の指示詞の体系の相違は目立った影響を与えていないと述べている。

　迫田(1992、1993a、1993b、1996、1997)は、異なった母語話者を対象にコソアの話し言葉を調査し、長期にわたって特定の学習者のコソアの習得状況を縦断的に研究して、次のように述べている。

　① 学習レベルが進むにつれて、文脈指示(非現場指示)用法の使用頻度は増加する。
　② 現場指示用法は中級レベルまでにほぼ習得され、非現場指示用法の方が習得困難である。
　③ ソとアの使い分けが困難である。母語の違いに関わらず、もっとも頻度が高く消滅しにくい誤用は、ソを使用すべき場合にアを使用する誤用である。
　④ 母語の違いはコソア習得に影響する。また、二項と三項対立の指示体系では、三項体系の母語の学習者の方が習得が進んでいる。

　北條(1996)は、指示語の難しいところは、正用と誤用が明らかに区分される場合とある条件の下では誤用であるものが許容される場合とがあるということであると言いながら、つぎのように述べている。
　コミュニケーション中心の場面や機能シラバスによる学習の場では、特

にこの指示語の問題は大きく取り組むべきことであろう。…(中略)…一つ間
違えると、話し手、聞き手間のコミュニケーションを迷わせてしまう。その
あたりが中、上級の学習項目として注意しなくてはならないということであ
ろう。北條(1996、53)

　以上から、習得困難なコソア用法及び誤用の原因についての解
明はいまだ充分には行われていないことが分かる。学習レベル別
の具体的な習得状況の検討を行うことが必要であろう。

5-2　選択肢テストによる調査

5-2-1　調査の概要

	一回目(1993年5月)調査	二回目(2001年5月)調査
調査の目的	本研究では、韓国人日本語学習者に対し、コソアの使い分けの習得状況を探り、学習レベル別の習得傾向とその特徴を明らかにする目的で、2回の選択肢テストを行った。なお、2回にわたって行ったのは調査の信頼性を確保するためである。	
調査の対象	被験者は韓国の三つの大学に在学中の日本語関係専攻大学2年生78人、3年生85人、4年生62人合計225人である。三つの大学はソウルのC大学、地方のH大学、K大学である。	被験者は韓国の三つの大学に在学中の日本語関係専攻大学2年生79人、3年生98人、4年生64人合計241人である。三つの大学はソウルのC大学、地方のH大学、K大学である。
被験者の学習レベル判定	学習レベル設定は便宜上2年生(学習時間約300時間以上)を下位(lower)グループ、3年生(学習時間約600時間以上)を中位(middle)グループ、4年生(学習時間約900時間以上)を上位(upper)グループとする。	

	一回目(1993年5月)調査	二回目(2001年5月)調査
調査の内容及び方法	宋(1991)のコソアの使い分けの分類にしたがって、コソアの14種の意味用法の各々の例文二つずつ(合計28のコソア文)を被験者に提示、コとソとアの中で用い方が正しいものをすべて選ぶようにする。また回答時間は充分に与える集団テスト法による。	

5-2-2 コソアの十四の用法

本調査における「場」の状況別指示詞コソアの細部用法は以下のようである。

現場指示の七つ：

- 独立的現場指示(コ-1、ア-1)
- 相対的現場指示の融合型(コ-2、ソ-1、ア-2)
- 相対的現場指示の対立型(コ-3、ソ-2)

非現場指示の七つ：

- 独立的話題指示(コ-4、ソ-3、ア-3)
- 相対的話題指示(ソ-4、ア-4)
- 単純照応指示(コ-5、ソ-5)

以上の各々の十四の用法のきまり及び各々に当てはまる例文二つずつをあげると以下の①〜㉘となる。そして①〜㉘の例文を適当に配置および再編成して設問テストの時の選択肢として用いた。[6]

□ コ系

コ-1 独立的現場指示(現場にある指示対象が自分の関心がある
　　　もので、自分に近いと想定した場合に用いる。この場合『場』
　　　の中には聴き手は存在しない。)

①(玄関の前にある黒い箱を触りながらつぶやく)コレは何だ？

②(手元にある写真を見ながらひとりでつぶやく)コノ子はきれ
　いだなあ。

コ-2 相対的現場指示の融合型(現場にある指示対象が我々(聞き
　　　手と話し手)の関心がある

③(A,B両者の手元にある一つの人形をゆびさしながら)
　　A：コレは妹の人形ですか。
　　B：いいえ、コレは姉の人形です。

④ちょっとお尋ねしますが、ココから駅まで遠いですか。

コ-3 相対的現場指示の対立型(現場にある指示対象が相手(聞き
　　　手)に対して自分(話し手)の領域にあると想定した場合用
　　　いる。)

⑤A：写真を撮りB：ココでいいですか。

⑥A：日本の面積について調べたいのですが。
　　B：(本を捜して) ココに書いてありますよ。
　　A：じゃ、そこをコピーさせて下さい。

---

6) 学習者に書いてもらった選択肢は付録の「資料2」に示す。

コ-4　非現場指示の独立的話題指示(観念に存在する指示対象が
　　　自分が知っているもので、まるで眼前にあるかのように
　　　強く示すと想定した場合用いる。−この場合『場』の中には
　　　聞き手が存在しない。)

⑦（朝目が覚めるとまた目に異常物がある。思いは自然と白内
　障のことに向かい一人でつぶやく。)一体コレはいつまで続
　くのだろう。(黒田、1979:48)

⑧（債務返済の方法を心に浮かびながら一人でつぶやく。)コレ
　ならなんとかいけるかなあ。

コ-5　非現場指示の単純照応指示(指示された対象は話し手の存
　　　在と相手の発言とは無関係な一般的な事柄で、「明瞭な存
　　　在」として対象化し「現場指示的に」生き生きと指し示した
　　　いと想定した場合用いる。)

⑨　コレはだれにも言わないで欲しいですが、私は実は猫が恐
　いのです。(金水、1989:46)

⑩　日本国民たる要件は、法律でコレを決める。(日本国憲法第
　10条)

□ ソ系

ソ-1　相対的現場指示の融合型(現場にある指示対象が我々(話し
　　　手と聞き手)の関心があるもので、近くも遠くもないと想
　　　定した場合用いる。)

⑪（タクシーに乗っているお客が10mぐらい前に停めてほしい
　と思って)

　　客：ソコの煉瓦の建物の前に止めてください。

　　運転手：はい、ソコの角のところですね。

⑫　A：お出かけですか。

　　B：はい、ちょっとソコまで。

ソ-2　相対的現場指示の対立型(現場にある指示対象が、自分(話
　　　し手)の領域ではなく、相手(聞き手)の領域にあると想定
　　　した場合用いる。)

⑬　A：写真をとりますからソコにいて下さい。

　　B：ここでいいですか。

⑭　(電話での対話)

　　A：もしもし、今大田駅にいますが、雨が降ってきたので、
　　　かさを持ってここまで迎えにきて下さい。

　　B：分かりました。10分くらいしたらソコに着くと思いま
　　　す。

ソ-3　非現場指示の独立的話題指示(観念の中に存在している指
　　　示対象が、自分に関わりが薄い知らないもので、平静に
　　　指示すると想定した場合用いる。－この場合『場』の中には
　　　聞き手が存在しない。)

⑮　(精密検査の結果、胃に潰瘍があることが発見されたとす
　　　る。すると自分は自分の感覚によってではなく、概念的理
　　　解によって自分の胃に異常物があることを知っていること
　　　になる。そこで例えばある日目が覚めて、この潰瘍のこと
　　　が心に浮かび一人でつぶやく。)一体ソレはどんな色をして

いるのだろうか。（黒田、1979:49）

⑯ （なんかの執筆を頼まれて、それに応じようか応じまいか
迷っているとする。その時あることが思い浮かんで,一人で
つぶやく。）うん、まあソノことでも書いてみようか。

ソ-4 非現場指示の相対的話題指示の非共有型(話題の指示対象
に対しての知識や経験を我々が共有していないと想定し
た場合用いる。この場合、ア(いわゆる非共有のア)が用い
られる時が稀にあるが、選択肢テストの簡潔性と整然性
を保つために省くことにした。)

⑰ A：私、車の免許を取りました。

　B：へえ、ソレはいつのことですか。

⑱ 私の中学時代、英語がすごく下手な人がいたんですが、ソ
ノ人が今回英語の本を出したんです。

ソ-5 非現場指示の単純照応指示(指示された対象は話し手の存
在と聞き手の発言とは無関係なもので、仮定された出来
事、予想される出来事または一般的な事柄を平静に指し
示したいと想定した場合用いる。)

⑲ 犬はソノ飼い主に似る。

⑳ すぐ雨が上がりますから、ソレを待ちなさい。

□ ア系

ア-1 独立的現場指示(現場にある指示対象が自分(話し手)の関
心があるもので、自分に遠いと想定した場合用いる。こ

の場合『場』の中には聴き手が存在しない。)

㉑ （空を飛んでいる鳥を見上げながら、一人でつぶやく。）アノ
鳥のように飛ぶことができれば…。

㉒ （プールの向こうに立っている女の子を見つめながら一人で
つぶやく。）アノ子はどこかで会ったなあ。

ア-2 相対的現場指示の融合型(現場にある指示対象が我々(話し
手と聞き手)の関心があるもので、我々から遠く離れてい
ると想定した場合用いる。)

㉓ (空を飛んでいる飛行機をさしながら)

子：アレが飛行機なの？

母：そうよ、アレが飛行機だよ。

㉔ A：金君ここに来ませんでしたか？

B：ええ、さっきそこの陸橋を渡って、アチラのほうへ歩い
て行きました。

ア-3 非現場指示の独立的話題指示(観念の中に存在している指
示対象が自分が知っているもので、平静に指し示すと想
定した場合用いる。−この場合『場』の中には聞き手が存在
しない。)

㉕ (日記で)きのう生協で可愛い女の子がレジをしていた。アノ
子は何年生だろうか。もう彼氏はいるのだろうか。あした
は話しかけてみよう。

㉖ (昨日食べたフランス料理の味が忘れなくて、一人でつぶや
く)アノ料理はうまかったなあ。

ア-4　非現場指示の相対的話題指示の共有型(話題の指示対象に
　　　対する知識や経験を我々(話し手と聞き手)が共有してい
　　　ると想定された場合用いる。)
㉗　A：私が玲子と離れたのはもう5年前ですよ。
　　B：うん、そうね。アノ頃はみんな若かったねえ。
㉘　A：山田博士を尊敬していらっしゃるそうですね。
　　B：はい、私はアノような立派な研究者になればと思って努
　　　力しています。

　以上の①〜㉘の各例文において、カタカナの指示詞だけが文法
的に正しい用法なのかという点について、5人のネイティブ・ス
ピーカーに確認したところ、問題がないことが明らかになった。
但し、適切ではないかも知れないが⑧は「あれ」、⑩は「それ」、⑪
は「あそこ」、⑮は「これ」を用いても良いという意見もあったが、
どれが最も適切かという基準で選択するとカタカナの指示詞が選
択されたため、カタカナの指示詞を正答と扱った。

5-2-3　調査の結果

　調査の結果は以下の八つにまとめることができる。

【1】本調査は1993年と2001年の2回にかけて日本語の学習レベル
　　が同一であると想定される学習者に同じ項目をもってテス
　　トを実施した。その結果、(5. 2)と(5. 3)からも分かるよう
　　に、両調査の学習レベル別平均誤答率の差もなかったし、

相関係数を見ても各学習レベル別難易度別誤答率はとても密接な関係があることが分かる。従って、両調査の結果は信頼性を保っていると言える。

(5.2) 両年度の学習レベル別平均誤答率に関する検定

学習 レベル	年度	観察 項目数	平均	標準偏差	統計量	有意 確率
下位 グループ	1993年	14	31.49	33.62	-0.7	p<.495
	2001年	14	34.45	26.72		
中位 グループ	1993年	14	26.40	29.78	-0.11	p<.916
	2001年	14	26.18	26.22		
上位 グループ	1993年	14	21.08	27.48	-0.03	p<.978
	2001年	14	21.16	22.92		

(5.3) 両年度の学習難易度別誤答率の標本相関係数

	1993年の 下位グループ	1993年の 中位グループ	1993年の 上位グループ
2001年の 下位グループ	0.888 (p<.0001)	×	×
2001年の 中位グループ	×	0.970 (p<.0001)	×
2001年の 上位グループ	×	×	0.913 (p<.0001)

※( )は有意確率である。

【2】現場指示用法の習得は比較的順調のようである。但し、学
習レベルを問わず、ソ-1(相対的現場指示の融合型のソ、以
下省略)の用い方だけはかなり正答率が低い(16.0%/40.3%)。
14種類の意味用法の中でも一番低い。他の現場指示用法6種
類はすべて学習レベルを問わず正答率90%を上回っている。
(表(5.4)〜表(5.6)参照)ソ-1の選択肢文⑫は、決まり文句的
なソで多少ずれている用い方のように思われるかも知れな
いが、指示対象が我々(話し手と聞き手)から離れているが、
近くもそう遠くもないと想定しているとき用いる指示形式
なのでソ-1になるのは間違いない。ソ-1は、その用い方を
習っていない上に、韓国語に対応するきまりが見つかりに
くいために正答率が低くなっていると考える。

(5.4) 学習レベル別正答率(%)

(1993/2001)

		下位	中位	上位	学習者全体
正答率	現場指示用法	82.4/83.8	87.1/87.7	88.2/89.6	85.8/87.0
	非現場指示用法	54.6/52.9	60.2/59.9	69.6/68.0	60.8/60.3
	用法全体	68.5/68.3	73.6/73.8	78.9/78.8	73.3/73.7

(5. 5) コ・ソ・ア別正答率(%)

(1993/2001)

		下位	中位	上位	学習者 全体
コ	現場 指示 用法	96.6/89.6	98.4/98.3	99.5/99.5	98.1/95.8
	非現場 指示 用法	70.5/61.0	71.8/65.6	85.5/74.3	75.1/67.0
	用法 全体	86.2/75.3	87.8/82.0	93.9/86.9	88.9/81.4
ソ	現場 指示 用法	52.6/75.0	58.2/62.1	59.7/66.1	56.7/67.7
	非現場 指示 用法	73.9/78.8	73.7/78.1	68.3/77.5	72.3/78.1
	用法 全体	65.4/76.9	67.5/70.1	64.8/71.8	66.0/72.9
ア	現場 指示 用法	91.0/83.8	98.8/97.5	100/98.5	96.4/93.2
	非現場 指示 用法	9.6/26.6	28.2/40.6	55.6/59.8	29.3/42.3
	用法 全体	50.3/55.2	63.5/69.0	77.8/79.1	62.9/67.8

(5. 6) 各用法別正答率(%))

(1993/2001)

		下位	中位	上位	学習者全体
現場指示用法	コ-1	93.6/86.3	98.8/96.9	100/100	97.3/94.4
	コ-2	97.4/89.9	96.5/98.0	100/98.4	97.8/95.4
	コ-3	98.7/92.5	100/100	98.4/100	99.1/97.5
	ソ-1	10.3/23.7	18.8/26.2	19.4/32.2	16.0/27.4
	ソ-2	94.9/87.5	97.6/98.0	100/100	97.3/95.2
	ア-1	92.3/86.3	98.8/95.9	100/96.9	96.9/93.0
非現場指示用法	ア-2	89.7/81.3	98.8/99.0	100/100	96.0/93.4
	コ-4	76.9/75.0	76.5/75.3	83.9/87.7	78.2/79.3
	コ-5	64.1/46.9	67.1/55.9	87.1/60.9	71.6/54.6
	ソ-3	67.9/37.5	77.6/51.0	80.6/53.1	75.1/47.2
	ソ-4	79.4/81.3	57.6/72.5	32.3/64.3	58.2/72.7
	ソ-5	74.4/76.3	85.9/83.7	91.9/90.6	83.6/83.5
	ア-3	7.6/26.3	38.8/41.3	64.5/62.5	35.1/43.4
	ア-4	11.5/26.9	17.6/39.8	46.8/57.1	23.6/41.3

(5. 7) 難易度別誤答率(%) － 1993年統計

難易度順位	意味用法	主要誤答の種類(%)	学習レベル別難5易度順位（誤答率）			
			下位	中位	上位	学習者全体
1	ソ-1	ソフア(88.0)(ア)	2 (89.7)	2 (81.2)	1 (80.6)	1 (84.0)
2	ア-4	ア→ソ(91.6)	3 (88.5)	1 (82.4)	3 (53.2)	2 (76.4)
3	ア-3	ア→ソ(93.5)	1 (92.4)	3 (61.2)	4 (35.5)	3 (64.9)
4	ソ-4	ソ→ア(97.0)	8 (20.6)	4 (42.4)	2 (67.7)	4 (41.8)
5	コ-5	コフソ(85.0)(ソ)	4 (35.9)	5 (32.9)	7 (12.9)	5 (28.4)
6	ソ-3	コフア(98.7)(ソ)	5 (32.1)	7 (22.4)	5 (19.4)	6 (24.9)
7	コ-4	コフソ(97.8)(ア)	7 (23.1)	6 (23.5)	6 (16.1)	7 (21.8)
8	ソ-5	ソ→ア(85.9)	6 (25.6)	8 (14.1)	8 (8.1)	8 (16.4)
9	ア-2	ア→ソ(89.7)	9 (10.3)	13 (1.2)	14 (0.0)	9 (4.0)
10	ア-1	ア→ソ(98.7)	10 (7.3)	13 (1.2)	14 (0.0)	10 (3.1)
11	ソ-2	ソ→コ(76.4)	12 (5.1)	10 (2.4)	14 (0.0)	11 (2.7)
12	コ-1	コ→ソ(100)	11 (6.4)	13 (1.2)	14 (0.0)	11 (2.7)
13	コ-2	コ→ソ(100)	13 (2.6)	9 (3.5)	14 (0.0)	13 (2.2)
14	コ-3	コ→ソ(98.7)	14 (1.3)	14 (0.0)	9 (1.6)	14 (0.9)

(5. 8) 難易度別誤答率(%)－2001年統計

難易度順位	意味用法	主要誤答の種類(%)	学習レベル別難5易度順位 (誤答率)			
			下位	中位	上位	学習者全体
1	ソ-1	ソフア(86.5) (ア)	5 (76.3)	1 (73.8)	1 (67.8)	1 (72.6)
2	ア-4	ア→ソ(98.5)	2 (73.1)	2 (60.2)	3 (42.9)	2 (58.7)
3	ア-3	ア→ソ(90.4)	1 (73.7)	3 (58.7)	5 (37.5)	3 (56.6)
4	ソ-4	コフア(78.5) (ソ)	3 (62.5)	4 (49.0)	2 (46.9)	4 (52.8)
5	コ-5	コフソ(90.4) (ソ)	4 (53.1)	5 (44.1)	4 (39.1)	5 (45.4)
6	ソ-3	ソ→ア(99.4)	8 (18.7)	6 (27.5)	6 (35.7)	6 (27.3)
7	コ-4	コフソ(72.2) (ア)	6 (25.0)	7 (24.7)	7 (12.3)	7 (20.7)
8	ソ-5	ソ→ア(86.5)	7 (23.7)	8 (16.3)	8 (9.4)	8 (16.5)
9	ア-2	ア→ソ(60.3)	10 (13.7)	9 (4.1)	9 (3.1)	9 (7.0)
10	ア-1	ア→ソ(98.5)	9 (18.7)	13 (1.0)	11 (0.0)	10 (6.6)
11	ソ-2	コ→ソ(96.8)	11 (13.7)	10 (3.1)	12 (0.0)	11 (5.6)
12	コ-1	ソ→コ(99.4)	12 (12.5)	11 (2.0)	13 (0.0)	12 (4.8)
13	コ-2	コ→ソ(70.7)	13 (10.1)	12 (2.0)	10 (1.6)	13 (4.6)
14	コ-3	コ→ソ(99.4)	14 (7.5)	14 (0.0)	14 (0.0)	14 (2.5)

【3】学習レベルが上がるにつれてコソアの理解度が高くなって
いるが、ソ-4(相対的話題指示の非共有型のソ、以下省略)は
その反対の現象を見せている。即ち、学習レベルが上がる
につれて正答率が低くなってくる。ほとんどソをアにして
しまう。1回目と2回目の調査両方とも同じである(図(5. 9)参
照)。

(5. 9) 設問テストによる指示詞ソ-4の正答率

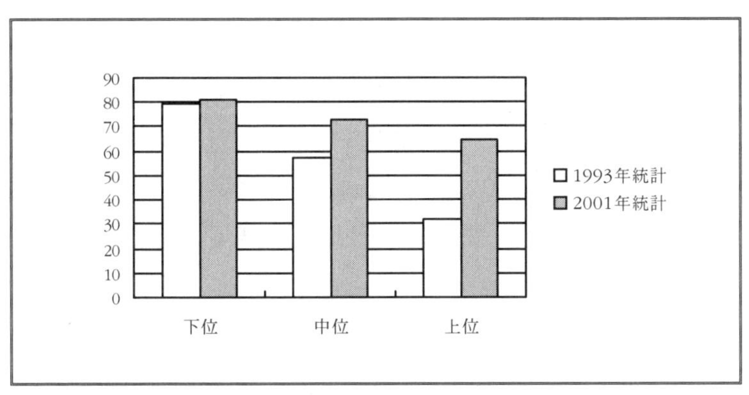

　表(5. 7)で分かるように、難易度4位のソ-4はソをアに間違えて
いる。この場合韓国語でもソに当たるといわれる「그(gue)」を用い
ているため、そのまま移すと間違えるはずがないわけである。下
位グループの学習者の正答率が高い理由はこのようなプラス転移
の結果ではないかと思う。では、このような誤用現象は一体どう
説明すればいいか。二つに分けて考えてみる。一つ目は、なぜソ
をアに間違えるのか、二つ目に、なぜ学習レベルが上がれば上が
るほど誤答が増えるのかという点である。

　前者の場合、即ち、ソをアに間違える理由は次のようなことが
考えられる。

① 　まず、ある程度日本語ができる韓国語話者の非現場指示用
　　法に対する中間言語の文法体系として「ソの他にアを用いる
　　ことに強く印象づけられ、大概の場合アを用いている」とい
　　う心理状態が作用している。

② 　又、迫田(2001)の、教師が教えるコソアの使い方とは別にそ
　　の語が置かれている前後の語を手がかりにして、「ソ+抽象
　　名詞、ア+具体名詞」という学習者独自の「ユニット形成のス
　　トラテジー」によって、日常生活に関わる具体的な名詞であ
　　る「人」「時」「学校」等に影響されて「ソノ人」なのに「アノ人」
　　に、「ソノ時」なのに「アノ時」に、「ソノ学校」なのに「アノ学
　　校」に処理してしまう等の学習者の運用上の文法の影響が多
　　く作用している。

③ 　それに、現場指示から派生した自分の領域と聞き手の領域
　　という「コとソ」の役割も自然に薄くなって、今現在の自分
　　との心理・空間的距離だけを基準にした「コとア」の中の一つ
　　を用いようとする心理的作用によってアを使ってしまう傾
　　向もあるのではないかと思う。

　このような誤りの訂正は、同じ非現場指示用法であっても、単
純照応指示のソ-5の「場」とは違う、相対的話題指示のソ-4の「場」
における正しい用い方を充分理解しなければならないと思う。
　後者の場合、即ち、学習レベルが上がれば上がるほど誤答が増

える理由は次のようなことが考えられる。

　図(5. 9)からソ-4の学習レベル別正答率の程度をみると、下位グループまでは目標言語と中間言語の文法体系との差が目立たないまま順調に約80%の正答率になっているが、中位グループから退行現象が現れはじめ、上位グループになってはより低い正答率に至った。この現象を一種の「退行ではない退行現象」として捉えたい。このような解釈は、表面的な調査結果としては学習レベルが上がれば上がるほど誤答が増えるので単ある退行現象に看做されるかも知れない。しかし、この現象はアの運用能力が進んでいく発達過程において上のレベルに見られる現象であると考えられ、その意味では「退行ではない退行現象」ということができる。即ち、今回の調査におけるアの誤用は、単なる退行現象と捉えるべきではなく、上達の一過程として捉えるべきであると考える。

　「第2章　韓国における指示詞コソア教育の現状」で明らかになったように、コソア用法に関しては、ほとんどの学習者は初級で現場指示用法を習っただけで、学習レベルが上がっても非現場指示のソとアの使い分けについてはほとんど教わったことがない。習ったとしても中級以後、正式の文法・文型項目としてではなく学習中偶然アに出会った時、両者(話し手と聞き手)がよく知っていればア、そうでないとソを用いると簡単に説明してもらうだけである。

　即ち、本調査の結果における下位グループが中位グループ・上位グループより正答率が高い理由は教師のインプットがなかったためであると言える。言い換えれば、教師からソとアの使い分けについて教えられなかったため、「母語の規則そのまま移す」とい

う学習者の運用上の文法が偶然当たっただけで、習得していると
は言えないわけである。その後、中位グループ・上位グループに
学習レベルが上がるにつれて、教師等に教えられるにつれて「前
者」の理由によって誤用が増えていく現象ではないかと考える。

　迫田(1992、1993b)はこれを母語の違いに係わらず共通してみら
れるdevelopmental error[7]と見ている。それによると韓国語からの
影響をほとんど受けていない外国語学習者一般にみられる誤用で
あると考えることもできる。

【4】現場指示より非現場指示用法の正答率が低い。全体平均60%
　　　ぐらいであり、上位グループの学習者でも69.6%(1回目)、
　　　68.0%(2回目)にしか達していない。非現場指示用法の中でも
　　　ア(ア-3とア-4)の正答率(29.4/42.4)はより低い(図(5. 10)と図
　　　(5. 11)参照)。
　　　その理由はまず韓国語の指示詞では見られないアの用い方
　　　が考えられるが、他言語話者にも共通に見えるという迫田
　　　(1993b)の研究結果もあるので、アを始めとする非現場指示
　　　の習得に学習者共通のストラテジーが働いていると考えら
　　　れる。文法規則の複雑さ、母語規則との異質性、学習項目
　　　としての未確立、教授-学習上のおろそか等の理由が考えら
　　　れるが、より大事なことはコソアの中での非現場指示用法
　　　というものの明確な理解ではないかと思う。学習項目とし

---

7) 発達上の誤り。第二言語習得における誤りの分類の一つ。その言語を母語として
　習得する子供の発達段階に見られる誤りで、第二言語習得において学習者の母語
　とは無関係に現れるもの。

てのコソア教授-学習過程の再検討が問われていると言える。

(5.10) 設問テストによる指示詞ア-3の正答率

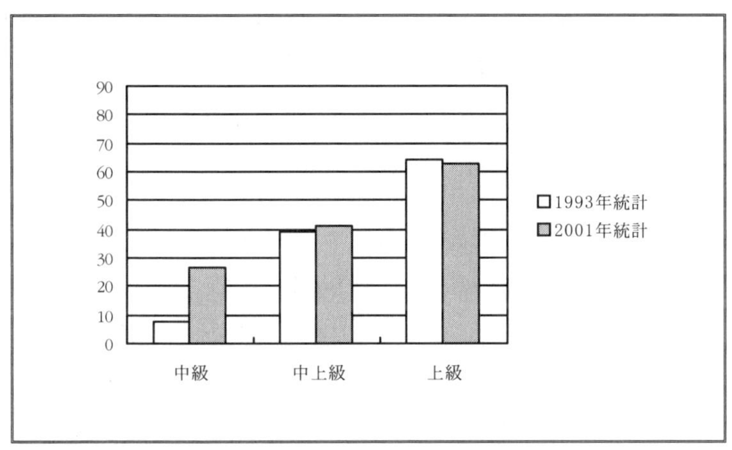

(5. 11) 設問テストによる指示詞ア-4の正答率

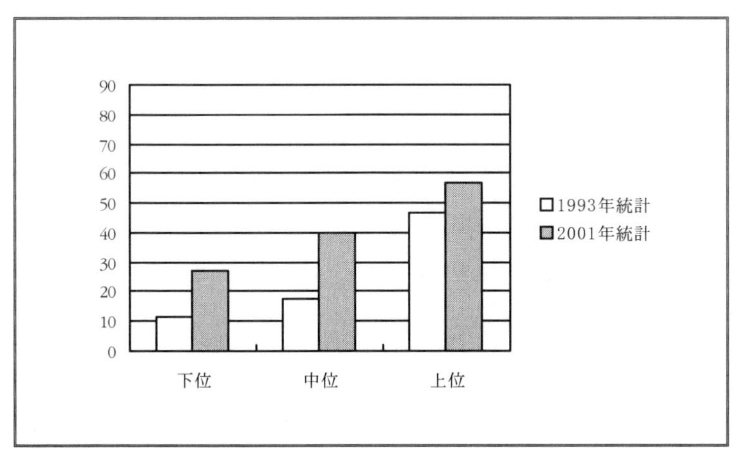

【5】 表(5. 5)からわかるように、学習者全体のコの正答率(88.9/
　　81.4)はソとアの正答率よりはるかに高いが、コ-5(単純照応
　　指示のコ、以下省略)だけは低い正答率(71.6/54.6)を現して
　　いる。コ-5を除いたコが高い正答率を見せているのは、コ
　　だけ上手に教えられているというより、韓国語「이(i)」の用
　　い方との類似性によるところが大きいからではないかと思
　　う。類似性が欠けているコ-5の低い正答率がそれを証明し
　　ているようである。

【6】 二回にかけてのテストともに平均50%以下の正答率を示して
　　いる一番難易度の高い三つの用法、即ち、ソ-1、ア-4、ア-3
　　の共通点は韓国語の「이(i)・그(gue)・저(jeo)」の指示体系では
　　見つからない用い方であるという点である。反面、難易度4
　　位以下の用法は韓国語の「이(i)・그(gue)・저(jeo)」の指示体系
　　とある程度、或はほとんど対応している。即ち、同じ指示
　　体系の用法より、そうでない意味用法の方が習得しにくい
　　のは確かなようである。
　　このように母語と違うコソアの用い方の習得が難しいのは
　　なぜか。次の二つの原因が考えられる。一つ目は、目標言
　　語(日本語)のコソアの体系と新しく習得している中間言語の
　　文法体系との間のずれが存在しているためである。二つ目
　　は、母語(韓国語)の「이(i)・그(gue)・저(jeo)」の用い方がそのま
　　ま転移されたからである。
　　どちらもコソアの教授-学習上の問題であると思う。実際、
　　大概のコソア学習項目は初級段階でソ-1を除いた現場指示用

法しか提示されていない。その後、中・上級になっても非現
場指示用法の学習項目はほとんど提示されていないのが現
実であるのがそれを裏付けている。

【7】ソとアの使い分けの困難さが明白に見える。特に、難易度1
位のソ-1の場合はほとんどアに、2位のア-4の場合はソに、3
位のア-3の場合はソに、1回目の4位のソ-4の場合はアに間違
えてしまう。

ソ-1の場合は現場指示用法として指示対象が我々(話し手と
聞き手)から離れているが、そんなに遠くない時に使う指示
形式なのである。この用い方が分からなくて「이(i)・그(gue)・
저(jeo)」の規則に従って、遠くにある指示対象はすべて「저
(jeo)」に当たるといわれるアで指し示しているのである。

ア-3の場合も自分(話し手)の観念に存在している指示対象を
「그(gue)」の規則によって「그(gue)」に当たると言われるソで
指し示しているのである。

ア-4とソ-4は「이(i)・그(gue)・저(jeo)」の用い方によると両方とも
も「그(gue)」になってしまう。しかし、ア-4とソ-4の使い分け
は「이(i)・그(gue)・저(jeo)」の用い方では全く見られない概念
であるので『場』の状況に注意しなければならないと思う。
即ち、話し手と聞き手との間の話題の指示対象が、共有知
識のものか非共有知識のものかを把握することによって、
ア-4とソ-4との正しい使い分けがなされるのである。とりあ
えず、その過程を理解していないためこのような誤りが生
じると思う。

【8】独立的指示用法(ア-3、ソ-3、コ-4、ア-1、コ-1)の難易度順位
　　(3、6/4、7、10、12/11位)を見ている限り、一概に独立的指
　　示用法が相対的指示用法より習得しやすいとは言えない。
　　両概念の難易度に対する推測は困難のようであるが、独立
　　的指示用法は言わば内言とか独り言のような言語行為なの
　　で、日本語教育においてはなるべく単純化してそれほど強
　　調したり複雑化しない方がよかろう。

　以上、選択肢テストによる指示詞コソアの学習レベル別習得状
況を調べたが、上級レベルの日本語学習者までもコソアの使い方
に問題があることが検証された。ことに、①アとソの低い正答率
から非現場指示用法のソとアの使い分けは極めて困難である、②
ソ-4は学習レベルが上がるにつれて正答率が低くなる退行現象を
現わしている、のは注目すべきことである。

5-3　会話による調査[8]

5-3-1　調査の概要

【1】調査の目的：韓国における韓国人日本語学習者の会話におけ
　　る指示詞コソアの運用能力を調査する。

【2】調査の対象：韓国某国立大学の大学生44人。日本語学習経験
　　2〜4年で、いずれも観光を除き日本への長期滞在した経験
　　はない。

---

8) この調査データは筆者と迫田久美子(広島大学教授)が1998年9月に共同研究の一環と
　　して行い、収集した。

【3】 調査方法及び被調査者の学習レベル定め：ACTFL(American Council of Testing Foreign Languages)の基準に基づいた OPI(Oral Proficiency Interview)の測定方法によってNovice(初級)からSuperior(超級) までのレベルに判定する。その結果をもとに被調査者44名を便宜的に上位(upper)グループ(9人)、中位(middle)グループ(25人)、下位(lower)グループ(10人)の3グループに分ける。

【4】 調査者：OPIの測定資格を有する日本語母語話者。

5-3-2 調査の結果

調査の結果は、以下の五つにまとめることができる。

【1】 表(5. 12)と図(5. 13)からも分かるように、レベルが上がるにつれて、どの系列も、指示詞を使用する学習者の割合が増加する。従って、会話の運用レベルが上がれば上がるほど指示詞コソアが多く用いられることが明らかになった。

(5. 12) 学習レベル別指示詞の使用の割合(表)

	下位グループ (n=10)	中位グループ (n=25)	上位グループ (n=9)
コの使用	2人(20.0%)	15人(60.0%)	8人(88.9%)
ソの使用	5人(50.0%)	20人(80.0%)	8人(88.9%)
アの使用	2人(20.0%)	4人(16.0%)	5人(55.6%)

(5. 13) 学習レベル別指示詞使用の割合(図)

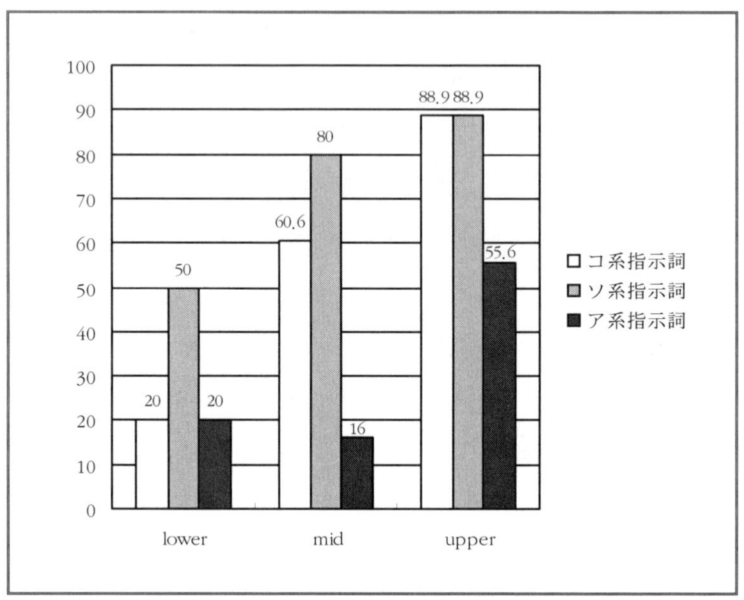

【2】被調査者44人が用いているコソアによる指示表現はほとん
ど非現場指示用法のものである。具体的には相対的話題指
示と単純照応指示である。現場で直接指し示す運用の機会
もあまりないし、一人でつぶやいたりする独話の機会もな
いから、OPIによる会話ではコソアの現場指示用法と独立的
話題指示用法は現れにくい。

【3】表(5. 14)からも分かるようにアの使用は、上位グループ5名
(55.6%)、中位グループ4人(16.0%)、下位グループ2人(20.0%)
が用いている。下位・中位グループに使用の割合が低いの
に、上位グループに使用の割合が高く(図(5. 15)参照)、すべ
てが誤用である。

(5.14) OPIによるレベル判定とコソアの運用(使用数等)

No.	グループ	Name	OPI level	KO	SO	A	Notes
6	上位グループ	SHL	Superior	2	26	1	ア＝ソ-4 来日経験あり
19		HKJ	Adv-low	4	15	2	ア＝ソ-4 来日経験あり
24		CJH	Adv-low	1	5	3	ア＝ソ-4 友人あり／ビデオを見る
42		YMH	Int-upper	6	2	4	ア＝ソ-4 ビデオをよく見る
10		PJE	Int-upper	4	11	4	ア＝ソ-4 ビデオをよく見る
23		KEO	Int-upper	0	0	0	
15		KJS	Int-upper	3	23	0	
16		IJY	Int-upper	5	7	0	
2		YSY	Int-upper	2	35	0	
9	中位グループ	KHS	Int-mid.	1	20	1	ア＝ソ-4 来日経験あり
37		PAJ	Int-mid.	1	13	2	ア＝ソ-4 迷う
25		KJS	Int-mid.	6	5	1	ア＝ソ-4
38		KJM	Int-mid.	3	7	0	
39		KHY	Int-mid.	7	1	0	
40		SYL	Int-mid.	1	0	0	
33		CJ	Int-mid.	0	0	0	
34		IY	Int-mid.	6	11	0	
27		CYM	Int-mid.	1	4	0	
20		PJY	Int-mid.	0	3	0	
1		IJY	Int-mid.	1	3	0	
3		YSS	Int-mid.	0	25	0	
4		JMS	Int-mid.	4	22	0	
14		JYK	Int-low	29	5	2	ア＝ソ-4 ビデオをよく見る
7		OSH	Int-low	0	13	0	
8		SGS	Int-low	1	1	0	
12		LMH	Int-low	0	12	0	
13		YSY	Int-low	0	11	0	

No.	グループ	Name	OPI level	KO	SO	A	Notes
17		LKW	Int-low	0	17	0	
21		KEJ	Int-low	1	3	0	
22		KW	Int-low	8	0	0	
28		SSH	Int-low	4	3	0	
35		PS	Int-low	0	2	0	
36		KY	Int-low	0	0	0	
44		SSH	Int-low	0	0	0	
41		SPY	Nov-upper	1	0	1	言い淀みの「あの…」かもしれない
31		PEM	Nov-upper	0	3	1	「ソ→ア→ソ」と直す(迷っている)
5		HYL	Nov-upper	0	1	0	
11		LY	Nov-upper	0	1	0	
18	下位グループ	KHJ	Nov-upper	0	4	0	
30		SHJ	Nov-upper	1	0	0	
32		RSA	Nov-upper	0	0	0	
29		ISH	Nov-upper	0	0	0	
26		PMS	Nov-upper	0	1	0	
43		FR	Nov-mid.	0	0	0	

(5. 15) 学習レベル別アの使用(誤用)の割合(%)

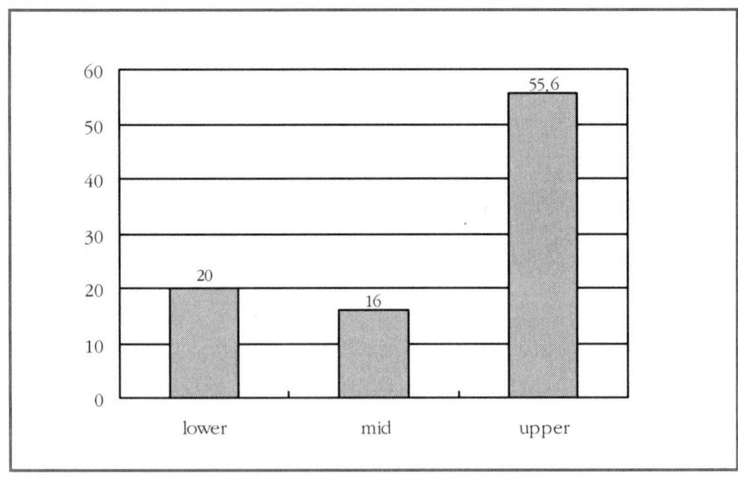

　例えば、(5．16)と(5．17)は上位グループの被調査者で、(5．18)は中位グループの被調査者で、(5．19)は下位グループの被調査者の誤用例である。すべて、ソ(詳しくは、相対的話題指示の非共有型のソ＝ソ-4)で指し示すべきところをアにしている。殊に、下位グループの被調査者の会話例(5．19)はおもしろい。最初のソをすぐアに直す。その後すぐ調査者の「それもう一回」と言ったら、そのアをまたソに直している。ソかアか、迷っているわけである。

(5．16) NS(調査者、以下省略)：あの、小学校とか中学校の、先生で、好きな先生がいますか。

CJH：ええ、小学校、あー小学校の時に、あのー、男の先生が、いました。その先生、あの時に結婚しなくて、学生だけと思って、私が学生に何をする、何をするといいかなと思った先生だから、みんな好でした。(筆者が傍線を付け加えた、以下省略。)

(5．17) NS：韓国の映画？

YMH：いいえ、日本の映画です。

NS：どんな話ですか？

YMH：んー、ある女性が、死んだ恋人を、ん、あー、二人の女性が出ます一人が二つの役をします。

NS：はい、分かりました。

YMH：死んだ恋人の、あー、あの女性が、ある男性の恋人です。

(5．18) PAJ：それから、あのー、2時間とか4時間ぐらい、授業が終わって、終わってから、んー、あの日は学校で

　　　　勉強する日もあるし。

(5.19) PEM：（中学校の時）こっこ（国語）の先生が好きです。

　　　　　んー、その先生は。

　　　NS：ん？

　　　PEM：お、<u>あ</u>の先生は。

　　　NS：それもう一回。

　　　PEM：その先生。

　　　NS：あ、どっち？、聞こえなかったの、うん。

　　　PEM：あー、こっこ（国語）を教えて、いる先生。

　一体このような誤用現象はなぜ起きるのか。

　アを用いている被調査者の以下の二つの共通点から、誤用の原因を探ることができる。一つ目は、アの用い方を正しく理解していないうちに、正しいかどうかは別にして、自ずからアを用いてしまう点である。二つ目は、アを用いている被調査者は、来日経験があったり日本人の友達がいたり日本のビデオをよく見たりして、他の被調査者より、より自然な生活の中の日本語に多く接しているようである。言い換えれば、生活のなかの日本語を通して、他の被調査者よりアに多く接していると判断される。

　従って、会話におけるアの誤用は、選択肢テストの調査結果と同じように、ある程度会話の運用能力が進んでいる学習者のコソアの習得の一過程としての誤用現象であると見られる。

【4】アの使用がすべて誤用でありながら、表(5. 12)のコソアの
　　　使用の割合の比較からも分かるように、コとソの使用に比

ベアの使用の割合も非常に低い。アの使い方を知らないか
らである。

以上、韓国における指示詞コソアの習得状況を選択肢テストと
会話調査で調べてみた。両調査で明らかになったことがらをまと
めると以下のようである。

(1) 会話では対話という言語行動上、指示詞の一部の用法しか出
　　現しない傾向が強い。即ち、会話では、現場指示や独話のよ
　　うな独立的話題指示等はほぼ出現せず、主に非現場指示の相
　　対的話題指示と単純照応指示が現れている。

(2) 両調査の共通点は、下位グループや中位グループではソを使
　　用する割合が高いという点である。相違点は、選択肢テスト
　　ではア-3やア-4の代わりにソを使う誤用が多いのに対し、
　　会話ではソの誤用が少ない。これは、会話においてはア-3や
　　ア-4が現れる独立的話題指示や相対的話題指示の共有型の
　　「場」が少ないためであろうと考える。

(3) 両調査共に、上位グループではアを使用する割合が増加す
　　る。それと同時に、ソを用いるべきところをアにする誤用現
　　象も増えている。要するに、アの用い方の「退行ではない退行
　　現象」を両調査を通じて確認することができる。

本論文ではこれまで、韓国のコソア教育の現状とコソアの先行
研究をふまえた上で、新たな「場」の状況別コソア用法を提示し、
その用法の習得状況を選択肢テストと会話による調査で明らかに

した。その結果から、指示詞コソアの指導のためには、①コソア
の用い方を「場」の状況別に考えるべきである、②日本語教育のた
めの「ソとア」と「コ」の使い分けを明白に位置づけるべきである、
③「場」の状況別コソア用法を段階的に指導すべきである、④コソ
アの教授-学習に役に立つためにモジュール型教材が要る、という
指導方針を立てることができる。
　以下、第6章と第7章では上記の指導方針に基づいて論を進めて
いく。

指示詞コソアの使い分けとその指導

　ここでは、第5章のコソアの習得状況の研究からも難解であることが明らかになったソとアの使い分けと、コソアの中の「コ」の用い方を日本語教育の立場で検討する。

6-1　ソとアの使い分けとその指導

　ここでは、現場指示のソとアの場合は省いて、焦点を浴びている非現場指示のソとアだけを取り上げて探ってみることにする。

6-1-1　非現場指示のソとアの使い分け

　筆者はすでに、第三章で先行研究における非現場指示のソとアの使い分けの検討、第四章で新たな「場」の状況別非現場指示のソとアの使い分けの検討を行った。それに基づいて、日本語教育のためのより簡明な非現場指示のソとアの使い分けを、次の四つに整理する。

【1】非現場指示に現れるソとアは独立的話題指示、相対的話題指示、単純照応指示の三つの「場」の状況別用法に分けて考える。9)

【2】聞き手が存在していない独り言とか日記の中で行われる独立的話題指示では、観念に存在している話題性がある指示対象物が自分の経験的知識や記憶であると想定したらアを用いる。

---

9) 詳しいことは第4章の表(4. 1)等参照

【3】相対的話題指示におけるソとアの使い分けには、最初、両者(話し手と聞き手)の共有知識の要因と話し手の未知の要因が最優先されて、共有知識と想定したらア、話し手の未知の指示対象と想定したらソを用いる。その次に、話し手は知っていて聞き手は知らないと想定した時は、上下関係と親疎関係等の要因が働いて、話し手中心の立場を取ったらアを、聞き手を配慮する立場を取ったらソを用いる。それで、(6. 1)のようにソとアのどちらも用いることができる場合もある。この場合、ソの選択は自分の話題性(イメージ強調)より聞き手の存在を配慮した場合、アの選択は聞き手への配慮より自分の話題性(イメージ強調)が強く働いている場合である。[10]

(6. 1)　A：山田太郎先生って、どんな方でしたか。

　　　　B：その(あの)先生はとてもやさしかった。

(6. 2)　A：バスの中で、素敵な人にあったわよ。

　　　　B：ふふん。

　　　　A：あの(*?その)人にもう一度会えないかしら。

　　　　　(現代日本語コース中級II、1989：235、「(　)」の中は筆者の付け加え。)

(6. 3)　僕は大阪で山田太郎という先生に教わったのですが、その(*あの)先生が僕に哲學の道を薦めてくださったんです。(迫田、1996:50)

---

10) 詳しいことは第4章の図(4. 29)参照

　一方、同じく、話し手は知っていて聞き手は知らないと想定した時でも、ソとアの中でどちらか一方を用いざるを得ない場合もある。例えば(6. 2)は、聞き手への配慮より話し手のイメージ強調が色濃く反映されている場合であるのでアが自然になるわけである。一方、(6. 3)の場合は自分のイメージ強調より聞き手の存在を配慮せざるを得ない場合であるのでソになっている。

【4】知識・経験如何に関わらない単なる先行詞を指し示す単純照応指示の時ソを用いる。この「場」ではアは現われない。これには意味的な特徴によって次の四つのタイプがある。

〔タイプⅠ〕同一性を強調するタイプ(一般的な先行詞をわざわざコソアで表し強調するタイプ)

(6. 4) 犬は<u>その</u>飼い主に似る。

(6. 5) 私は彼の絵を見て<u>その</u>才能に感嘆した。

〔タイプⅡ〕純粋な一般的な事柄であるタイプ(一般的な先行詞を平静にコソアで表すタイプ)

(6. 6) 転職は難しいものである。しかしながら、<u>それ</u>は誰もが一度は考えるものである。

(6. 7) 今日、学校で先生から喫煙の有害性についての話があった。家に帰って<u>その</u>話しをしたら、喫煙家の父は渋い顔をしていた。(田中、1981:35)

〔タイプⅢ〕仮定された事柄であるタイプ(仮定された先行詞をコソアで表すタイプ)

(6. 8) 受付に誰か人がいたら、<u>その</u>人の渡してください。

(6. 9) 素敵な人が現れたら、<u>その</u>時結婚するわ。

〔タイプⅣ〕予想される事柄であるタイプ（予想された先行詞を
　　　　　コソアで表すタイプ）

(6. 10) すぐ雨が上がりますから、<u>それ</u>を待ちなさい。

(6. 11) そうすればお金がなくなるでしょう。<u>その</u>時どうします
　　　　か。

6-1-2　非現場指示のソとアの誤用分析

　ここでは先行研究等で断片的でありながらも指摘された誤用傾向と迫田(1993b、1996a)、安(1996)、宋(1993、2002)で明らかにした学習レベル別誤用のデータをもとにして、非現場指示のソとアの使い分けをめぐる代表的な誤用文四つを取り出して分析し、指導上の留意点を提示する。そして、最後にソとア両方とも用いられる場合の使い分けと指導についても探ってみる。

独立的話題指示のアをソにする場合

(6. 12) (日記で)今朝、生協で可愛い女の子がレジをしていた。
　　　　*<u>その</u>(<u>あの</u>)子は何年生だろうか。もう彼氏はいるのだ
　　　　ろうか。明日話しかけてみよう。

(6. 13) (新聞に載っていた自分の友達の素晴らしいコラムのこ
　　　　とを思い出しながら、一人でつぶやく。)*<u>そいつ</u>(<u>あいつ</u>)
　　　　はとにかく文章がうまい。

　この型の誤用は、聞き手が存在していない「場」の中で、話し手の観念の中に浮かべている既知の話題性がある経験的素材を平静に指し示したい時、アを用いるべきなのにソになってしまう場合である。これは初・中級レベルの学習者に多く見られる現象で、上級になるにつれて徐々に誤用がなくなる傾向がみられる。誤用の原因のほとんどは、日本語の独立的話題指示のアの用い方を理解していないうちに、自ずから「ユ(gue)」の用い方に従って「ユ(gue)」に当ると思うソをもって指し示しているからであろう。　次のような指導上の留意点が考えられる。

(1) 非現場指示の学習項目に「独立的話題指示」を設けるべきである。
(2) 独立的話題指示の「場」の状況を十分認識した上、「ソとア」の意味用法を理解させる。
(3) 韓国語の「ユ(gue)」が日本語のソとアに対応するということを、身近に感じられる例文と共に提示し、理解を深める。
(4) 発展事項として相対的話題指示の用法も比較提示し理解を深める。
(5) なるべく中級以後の文法学習要目として指導する。

相対的話題指示のソをアにする場合

〔タイプ1〕自分の表現について

　(6.14) 私の中学時代、英語上達法という本をお書きになった先生がいらっしゃったんですが。*あの(その)先生が今度日本語上達法という本をお出しになりました。

(6. 15) A：きのう田中明子という方に会いましたけど、*<u>あの</u>
（<u>その</u>)方、ご存じですか。

　　　　 B：いいえ、知りません。

〔タイプ2〕 相手の表現について

(6. 16) A：わたし車の免許を取りました。

　　　　 B：へえ、*<u>あれ</u>(<u>それ</u>)はいつのことですか。

(6. 17) A：先生は、李という食堂をご存じですか。

　　　　 B：いいえ、知りません。*<u>あの</u>(<u>その</u>)店は和食の店です
　　　　　　 か。

　この型の誤用は、話し手の直接的な経験的素材が聞き手にとっ
て概念でしか捉えられない未知の素材であると想定した時の〔タ
イプⅠ〕と、相手の表現が話し手にとって概念でしか捉えられな
い未知の素材であると想定した時の〔タイプⅡ〕で、ソを用いる
べきなのにアになってしまう場合である。この誤用現象は、妙な
ことに、日本語がある程度できる学習者の中でよく見られるし、
学習レベルが上がるにつれて誤用率が高くなる現象さえ見られ
る。そして、迫田(1996c)はコソア習得に関する3年間の縦断的研
究の結果、母語の違いにかかわらず、この型が最も頻度が高く、
習得が進んでもあまり減少しない誤用であるという。

　このような誤用現象についてはすでに第5章の「5-2-3調査の結
果」で詳しく検討したのでここでは省くことにする。次のような
指導上の留意点が考えられる。

(1) 正式の学習項目として位置付ける。

(2)「ソとア」の理解を深めるために、談話レベルの身近に感じられる文型を多く接するようにする。

(3) この場合のソと単純照応指示のソとの区別をはっきり理解させる。

(4) Develomental Errorとしての認識も必要である。即ち、教師は誤用に関して母語の干渉だけではなく、中間言語の発達上の現象という側面からも認識し直し、「ソとア」の指導を行う必要がある。

相対的話題指示のアをソにする場合

(6.18) A：山田博士を尊敬していらっしゃるそうですね。

B：そうです。私も*その(あの)先生のような立派な研究者になれればと思って努力しています。

(6.19) (昨日一緒に行ったレストランのことを思い出しながら)

A：君、きのうの*その(あの)店、良かっただろう。

B：ああ、*その(あの)店ね。本当によかったよ。

　この型の誤用は、話題性のある経験的素材が両者(話し手と聞き手)の共有知識であると想定した時、共有のアを用いるべきなのにソになってしまう場合である。これは初・中級レベルの学習者に多く見られる現象で、上級になるにつれて徐々に誤用がなくなる傾向がみられる。誤用の原因は、日本語の相対的話題指示の聞き手配慮のアの用い方を理解していないうちに、自ずから韓国語の「그(gue)」の用い方にしたがって「그(gue)」に当ると思うソをもって指し示しているからであろう。次のような指導上の留意点

が考えられる。

(1) 母語からの干渉を招かないように、話題の指示対象が両者に
　　とって共有知識・経験である場合はアを用いるという規則を
　　身近な例文を提示しながら十分理解させる。
(2) このア(共有のア)と、もう一つの聞き手を配慮しないア(非共
　　有のア)の用い方の違いを明確に認識させる。
(3) 発展的事項として、非共有のアは聞き手を配慮するとソにな
　　ることを理解させる。

単純照応指示のソをアにする場合

　　(6. 20) ラッコは海底から手頃な石を拾ってきて腹の上に乗せ、
　　　　　*あれ(それ)に貝を叩き付けて割って食べる。(金水他、
　　　　　1989:44)
　　(6. 21) 素敵な人が現れたら、*あの(その)時結婚するわ。
　　(6. 22) そうすればお金がなくなるでしょう。*あの(その)時どう
　　　　　しますか。

　この型の誤用は、指示対象が文脈の単なる言語的な素材で仮定
された出来事、予想される出来事、一般的な事柄を平静に指し示
したい時、ソを用いるべきなのにアになってしまう場合である。
単純照応指示は、話し手の存在に関わる経験的知識・記憶とは関
わらない「場」の状況で、もとよりアを用いることができないの
に、上級レベルの学習者までアにしてしまう傾向が多い。この誤
用の原因は非現場指示の中で「場」の状況が違い単純照応指示と話

題指示との区別がまだはっきりしていないからであると思う。齢
えば、(6. 11)の場合、単なる予想、仮定される出来事なのに、話
題性のある共有知識のように思い込んだりしてアを用いてしまう
わけである。次のような指導上の留意点が考えられる。

(1) 単純照応指示の「場」の状況を話題指示と比較しながらその違
　　いを理解させる。
(2) 単純照応指示の中の四つのタイプの意味的な特徴を明らかに
　　する。(四つのタイプは、例文(6. 4)〜(6. 11)参照)

ソとア両方とも用いることができる場合の使い分けと指導

(6. 23) 僕の後輩に五十嵐という人がいるんですが、(その、あ
　　　の)男のんべえで凄いんですよ。

(6. 24) 総務課に山田って人がいるから、(その、あの)人に聞い
　　　てみたら？

(6. 25) A：「日本語のすべて」を買おうと思うのですが。
　　　　B：(その、あの)本はやめたほうがいい。「一週間日本語
　　　　　完全マスター」にしなさい。(金水他、1989:43)

　この場合は学習者にとって最も紛らわしい用法であると思う。
問題になるのは、ソとア両方とも用いることができる時はどんな
時なのか、またその時ソとアの用法上の違いはいかなるものかで
ある。次のように説明することができよう。
　相対的話題指示の「場」の中で、話し手の直接的な経験的知識・
記憶の素材が聞き手にとって概念でしか捉えられない未知の素材

の時、その指示対象をソとア両方とも指し示すことができる。ソは聞き手の存在を配慮する立場として話題性より照応性が多く働いている時用いられるし、アは聞き手を配慮していない立場として照応性より話題性が多く働いている時用いる。しかし、同じ状況であっても、ソとアの中の一方だけを用いるのが自然な場合がある。例文(6. 2)のア、(6. 3)のソがその齲である。次のような指導上の留意点が考えられる。

(1) 話し手の発言の意図や許容度を身近に感じ取ることができるようにする。
(2) 学習項目としてはなるべく上級以降に扱い、自然に表現できるまでは「成熟の過程」が特に要るので余裕を持って指導する。

6-1-3 非現場指示のソとアの指導

　ここでは、ソとアの使い分けの検討と韓国人学習者の誤用分析に基づいて、非現場指示のソとアに限定して、どのような学習内容を持っていかに教えるかを探る。学習内容および指導方法は次のような五つの考え方に基づいて設定する。

【1】学習者が理解可能なインプットを十分受けるような簡明なものを学習項目にする。
【2】非現場指示の学習内容は相対的話題指示、単純照応指示、独立的話題指示の三つの「場」の状況に大別される。
【3】相対的話題指示は学習効果を高めるために２段階に分け

る。最初の段階は(6. 26)のように共有型のアと非共有型ソの用い方だけを提示する。(本稿では、これを「相対的話題指示Ⅰ」と名づけている。)相対的話題指示Ⅰを十分理解した後、次の２段階目に、実は非共有型の中にはソだけでなく非共有型のアの用い方もあるとしながら、(6. 27)をもって理解を深める。(本稿では、これを「相対的話題指示Ⅱ」と名づけている。)

(6. 26) 相対的話題指示Ⅰ

		話し手	
		既知	未知
聞き手	既知	ア	ソ
	未知	ソ	ソ

(6. 27) 相対的話題指示Ⅱ

		話し手	
		既知	未知
聞き手	既知	ア	ソ
	未知	話し手中心；ア　聴き手配慮；ソ	ソ

【4】 単純照応指示と相対的話題指示Ⅰは1段階でいっしょに提示し、単純照応指示にはアが現れないということを十分理解させる。

【5】 独立的話題指示は、学習活動の抵抗要因として作用する恐れがあるから相対的話題指示Ⅰと単純照応指示の習得が終わった後に提示する。

　以上のような考え方に基づいて、非現場指示の「ソとア」の段階別指導内容をまとめると次の(6.28)のようである。

(6.28) 非現場指示の「ソとア」の指導

学習段階		学習要目	用例	意味用法
1段階	単純照応指示ソ	タイプⅠタイプⅡタイプⅢタイプⅣ	① 犬はソノ飼い主に似る。 ② 一目会ったソノ日から愛の花咲くこともある。 ③ 消費税をめぐる論議がテレビ、新聞で盛んに行われているが、ソノ論議は平行線のままで、何の実りもない。 ④ 素敵な人が現れたら、ソノ時結婚するわ。 ⑤ すぐ雨が上がりますから、ソレを待ちなさい。	ソ：指示される対象は話し手の過去の知識経験と相手の発言とは無関係な単なる先行詞で、同一性を強調する一般的事柄(タイプⅠ)、純粋な一般的な事柄(タイプⅡ)、仮定された事柄(タイプⅢ)、予想される事柄(タイプⅣ)を平静に指し示したいと想定した場合用いる。
	相対的話題指示Ⅰ	共有型ア	⑥ A：山田さんが見えませんね。 B：アノ人はいつも遅刻しますね。	ア：指示されるものが話し手と聞き手との共有の知識経験を保ちあっている話題性がある素材

学習段階		学習 要目	用例	意味用法
			⑦ 昨日金君に会った。アイツ来月結婚するんだって。	であると想定した時用いる。
		非共有型ソ	⑧ A：先生は李という食堂をご存知ですか 　B：いいえ、知りません。ソノ店和食の店ですか。 ⑨ 昨日中学時代の友達に会ったんですが、ソノ人が就職口を探してくれると言ってくれました。	ソ：指示されるものが話し手と聞き手の中のいずれかの一方ないし皆無の知識経験のものであると想定した場合、それを話し手が言及したり聞き手が確認したりする時用いる。
2 段階		独立的 話題指示 ア	⑩（きのう食べたフランス料理の味が忘れられなくて、一人でつぶやく。）アノ料理は本当においしかったあ。	この用法は聞き手が存在していない 「場」の状況で行われる指示行為で、アは観念に存在している指示されるものが自分が知っているもので、強く指し示すと想定した時用いる。
発展 補充 段階	相対的話題指示Ⅱ	非共有型ア	⑪ 今朝駅前で事故があったんだ。アノ様子じゃ運転手も怪我したんじゃないかな。（今井、1995：66） ⑫ 総務課の山田って人がいるから、アノ人に聞いてみたら？	話題指示の「場」の中で、話し手の知識経験的要素が聞き手にとって間接的な概念でしか捕らえられない時、その指示対象をソとア両方とも指し示すことができる。 ソは自分のイメージより聞き手の存在を配慮する時、アは聞き手への配慮より自分のイメージが強く働いている時用いる。
		非共有型 ソとア の比較	⑬ 総務課の山田って人がいるから、ソノ/アノ人に聞いてみたら？ ⑭ A：目黒先生ってどんな人ですか。 　B：君、アノ/ソノ先生を知らないのか。	

指導上の留意点として、以下の三つが考えられる。

【1】 1段階の単純照応指示と話題指示Ｉは中級課程において指導することが望ましい。中級教科書の関係初出文が載っている単位課に合わせて学習項目化する。その時、単純照応指示の場合は韓国語の「ユ(gue)」とそのまま対応させて問題はないが、相対的話題指示Ｉの「場」の状況の場合は、ソとア両方とも「ユ(gue)」に対応しているので、(6.26)を利用して理解を助けながら、その違いを身近に感じられる談話レベルの文型とともに提示する必要がある。例えば(6.29)のような会話文が1つの例である。

(6.29) 母：六本木のどこで食事をしたの？

良子：銀河亭っていう古くて素敵なレストランよ。

母：あら、銀河亭？　知っているわ。昔は父さんによく連れて行ってもらったのよ。ねえ、お父さん、覚えていますか、アノ店。

父：うんうん、アソコへはよく行ったなあ。アノ頃は西洋料理の店が今よりずっと少なかったから、いつも込んでいたね。

良子：今日も満員だったわ。アノ店は狭いから…。

弟：僕もソノ店へ行ってみたいなあ。どんなところなの、ソコ。

父：ソコはね、最近のレストランとは少し違うんだよ。クラシックな感じなんだ。

　　良子：今度みんなで一緒に行きましょう。（『文化初級日本
　　　　　語Ⅱ』、1991:64）

【2】2段階の独立的話題指示の場合は、談話レベルではなく独白
　　のような内言的なものなので相対的話題指示との相違点を
　　比較しながら、独り言や日記などで現われ得る用例をもっ
　　て理解させれば良い。

【3】発展補充段階の話題指示Ⅱは、上級以上の課程で、相対的
　　話題指示Ⅰで取り入れていない非共有のア(図(6．26)と図(6．
　　27)参照)の用い方を提示、共有型のアとの違いを例文の比較
　　を通じて理解を深める。理解が定着した段階で、いわゆる
　　話し手は知っているが聞き手が知らないと想定した場合、
　　どの時に非共有のアを、どの時に非共有のソを用いるかそ
　　の分け方を教える。その区分基準は第4章の図(4．29)のよう
　　な連続的な構造のものであると思う。
　　しかし、よほど関心を持っている学習者でない限り、一般
　　の学習者に図(4．29)を以ってその概念の違いを理解させる
　　のは無理であると思う。わずらわしくて嫌になる恐れがあ
　　るからである。それで、次のように単純化して理解させる
　　のが良い。

　　聞き手との上下関係に差がなくて親しい間柄である状況で、指示対象
　　のイメージを強く表したいと想定した場合アを用いる。一方、聞き手
　　が目上で親密度が低い状態では、指示対象のイメージより照応性が強
　　く働いて、ソを用いることになる。

　以上、非現場指示のソとアの使い分けの体系と韓国人学習者の誤用分析に基づいて、ソとアの段階別学習内容と指導方法について探ってみた。上級レベルの学習者に見られるソとアの使い分けの問題は、なぜ間違っているのか、なぜこのように直すのかを体系的に究明する教師を要求している。ソとアの使い分けは一見複雑な構造のように見えるが、相対的話題指示の共有のア、非共有のソ、非共有のアと単純照応指示のソと独立話題指示のアの理解さえできればそう難しいとは言えないだろう。使い分けの正しい理解とともに、学習レベルに合わせた学習要目の段階別指導を上手に行う必要がある。

　実際、第5章の選択肢テストの時、2001年に行った2回目の被験者241人の約半数ほどの学生に事前にこの指導方法をもって教えた結果かも知れないが、第5章の図(5. 9)、(5. 10)、(5. 11)から分かるように、同じテストなのに1993年に行った1回目のテストの時の被験者より極めて高い正答率を見せている。短絡的に断定はできないが、この指導方法が何らかの効果を生んでいるのではないかと思われる。

6-2　コの用い方とその指導

6-2-1　問題提起

　コの用い方について、普通、現場指示用法と非現場指示用法に分けて考えることができる。堀口(1978)、久野(1973)、吉本(1992)等では、現場指示の場合は「話し手から近い要素を指し示すのに用いる」、非現場指示の場合は「まるで目の前にあるかのように文脈の要素を生き生きと指し示したいとき用いる」と言っている。
即ちコは、現場の「近称」と非現場の「現場の近称の抽象的な拡張」
という二つの要素探索の語彙的特徴を持っているという説が有力
である。しかし、コの用例を収集・検討してみると、「近称」と「現
場の近称の抽象的な拡張」にも色々な制約と限界があることが分
かる。

(6.30) (テレビの中のある登場人物を指しながら)

　　　　母：この人、誰？

　　　　子：この人を知らないのか。かの有名なイチロウさんだ
　　　　　　よ。

(6.31) 医者：(患者のお腹を触りながら)ここがいたい？

　　　　患者：はい、そこがいたいんです。

(6.32) 新方式の入試を行う市立大学が増えてきている。これ
　　　　(それ)は、学生を獲得するための一つの方法であろう。

(6.33) 武村が自殺したことは、これ(あれ)はほんとうに驚きま
　　　　した。

(6.34) たとえば、こんな話がある。ある日本の技術指導者がイ
　　　　ンドに始めて行き、インド人を使って仕事を始めた

(6.35) 児童は、これを酷使してはならない。(日本国憲法第二
　　　　十七条)

(6.36) A：私が鈴子と離れたのはもう5年前ですよ。

　　　　　B：うん、そうね、あの頃はみんな若かったねえ。

(6.37) 人を見たら、それを泥棒と思え。

　現場指示である(6. 30)、(6. 31)の場合、(6. 30)の2つのコは「近称」
そのままであるが、(6. 31)の「患者のソ」は目の前にある自分の体
の一部なのにコを用いることができない。話し手に近ければ万遍
なく近称のコを用いるわけではないのである。
　(6. 32)～(6. 37)は非現場指示の場合である。(6. 32)～(6. 35)のコ
はすべて「現場の近称の抽象的な拡張」と言えるが、(6. 32)はソと
ともに、(6. 33)はアとともにという一応の互換性を持っている。
(6. 34)と(6. 35)はソとアとの互換性なしにコに決まっている。その
反面、(6. 36)～(6. 37)はコを用いることができないという限界があ
る。即ち、非現場指示の場合、話し手が「現場の近称の抽象的な拡
張」という心理的な態度を持ってコで指し示したくても用いられな
い状況もあるし、用いることができるとしても単独で或いはソと
或いはアとともに用いられるという色々な制限が見られる。
　そこで、ここでは、以上のような多様な用い方の様相がうかが
える、ソとアに対するコの使い分けの一端を明らかにし、指導上
の留意点を提示する。

6-2-2　現場指示におけるコの用い方とその指導

　現場指示用法というのは目の前に見える、あるいは聞こえる、
臭いがするといった現場で具体的に知覚できる指示対象を指し示
す時のコソア用法である。よって、コソアの区分に関する研究も
現場の具体性に基づいてかなり明確になって「距離区分」と「勢力
範囲区分」の二つの概念の中で議論されている。
　「第3章　指示詞コソアに関する先行研究」で明らかになたよう

に、コについての議論は、「話し手から近い要素を指し示すのに
用いる」という「近称」説、「自分(話し手)の縄張りに属する指示対
象を指し示す時用いる」という「話し手の領域」説、両方が混在し
ている説、という三つの説に大別することができる。

　そこで、小説、シナリオ、先行研究の作例、教科書の教材文等
から実際のコが現れている用例40を収集・分析して、この三つの
説の妥当性について検討を行った。[11]

　検討に採用している三つの説の基になる文法論は、単純明瞭で
合理性を保っていると判断される、堀口(1978a)・吉本(1992)の「距
離区分」論、佐久間(1951)の「縄張り」論、宋(1991)の融合型と対立
型の「混在」論である。堀口(1978a)・吉本(1992)の「距離区分」論と佐
久間(1951)の「縄張り」論は「第三章指示詞コソアに関する先行研究」
で検討しているので、ここでは参考までに宋(1991)の融合型と対
立型の「混在」論だけを簡略に言及することにする。

　宋(1991)は、従来現場指示のコについての概念規定として言わ
れる、単なる距離を区分基準とする「近称」説とか会話空間の領域
を区分基準とする「話し手のの領域」説の問題点を指摘し、コには
この両者、即ち融合型と対立型の二つの用い方が混在していると
いう。これは三上(1955)の「二種二項対立説」、正保(1981)の「二種
三項対立説」を基にしているが、宋は正保(1981)の「二種三項対立
説」から二つの問題点を修正・補完して、(6. 38)のように「対立型
二項・融合型三項説」でコを始めとする現場指示の指示体系を説明

---

11) 収集した40の用例は付録の「資料3」に示す。

している。

　問題点の一番目は、対立型の状況図が適切ではないということである。対立型は話し手と聞き手が向かい合っている指示行為の認知構造の場なのに正保は円形的な勢力範囲の対立関係のように判断し、内の円は話し手、外の円は聞き手の勢力範囲のようにとらえている点である。

　二番目は「弛緩したア」を認めがたいということである。正保は対立型において話し手にも聞き手にも属さない「弛緩したア」が存在しているというが、理解しにくい。正保の詳しい説明を添えた例文'3軒の家'は「弛緩したア」でなくて文脈指示用法のアの用い方ではないかと思う。具体的なことは正保(1981:71-73)を参照されたい。つまり宋では、現場指示のアは、勢力範囲とは無関係の対立性を持っていない指示詞で、話し手と聞き手との融合的・交互的な遠称の機能だけを持っているとみているわけである。

(6. 38)　宋の融合型と対立型の「混在」論(宋、1991:142〜143)

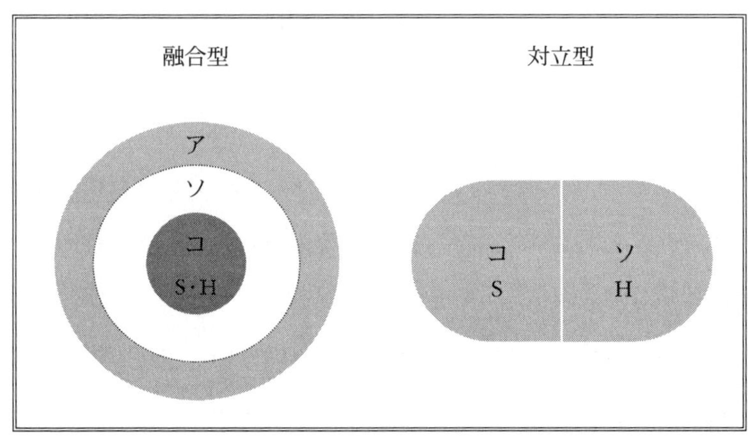

　以上の三つの説で扱われている現場指示のコの使い分けの妥当性について検討した結果、以下のような結論に達した。

(1) 収集した40の用例中38のコの場合、話し手と聞き手が接近していようと離れていようと、「近称」のコを以って充分説明できる。
(2) 後2つの用例は、いくら近くにいても「近称」のコを用いない(6.31)の「患者のソ」のようにソを用いなければならない場合がある。(6.31)の「患者のソ」は、「話し手の領域」ではなく聞き手の領域に属する指示対象であるという「縄張り」論による指示行為であると認めざるをえない。
(3) 従って、現場指示のコの使い分けでは「近称」と「話し手の領域」という二つの決まりが働いていると言える。
(4) 二つの決まりの関係は、出現頻度の面では「近称」が遥かに優位に立っている。しかし、互いにぶつかる場合は「領域」が優先している。即ち、(6.31)の「患者のソ」のように、いくら目の前の近くにあっても「話し手の縄張り」でないという心理的態度によって結局コが用いられないようになるわけである。

　現場指示のコの指導は、第4章で探ってみたコと「이」の用い方の同一性とともに、本章で検討した現場指示のコの妥当性四点とも韓国語と全く対応しているので、身近な用例の提示の中でコは「이」に当たるということさえ理解させればいいと思う。その理解が結局現場指示の融合型の「近称のコ」と現場指示の対立型の「話

し手の縄張りのコ」の習得になるわけである。

6-2-3　非現場指示におけるコの用い方とその指導

　これまでの非現場指示のコソア用法とその習得に関する研究はほとんどソとアを中心に行われている。

　その理由としてソとアは、指示行為としてコより多く用いられていること、主観的心的態度が色濃く反映されているコよりある程度定型化している用法であること、使い方が似ていること、誤用現象がよく現れることなどが挙げられよう。

　筆者のこれまでの研究も非現場指示の場合ソとアがその中心にあった。しかし、研究が進むにつれて，阪田(1971)の「話し手自身のみの身近なもののコ」とか久野(1973)の「生き生きと叙述する時のコ」とか金水・田窪(1990)の「解説のコ」とか吉本(1992)の「実質性，顕著性のコ」上垣(1997)の「文脈焦点のコ」、金水(1999)の「直示的性質を有するコ」、庵(2002)の「トピックの名詞句をマークするコ」、堤(2005)の「直示優先の原則によるソより多用されるコ」等といわれるコの独特な一面に気が付いた。どちらかというと、ソとアは指示したい要素の内容の関係を表すが、コはさらに指示したい要素の内容を明瞭化・眼前化するという働きを持っているようだ。(本稿では、このようなソとアを「基本的指示」、コを「眼前化指示」と呼ぶことにする。)

　そこで、「場」の状況別コソア用法の分類に基づいて、非現場指示のコの用い方の関係を基本的指示度と眼前化指示度という概念を用いて客観的に表す試みを行った。

　「場」の状況別非現場指示のコソア用法の細別を表すと(6. 39)の
ようである。[12]

(6. 39)「場」の状況別非現場指示のコソア用法の細別

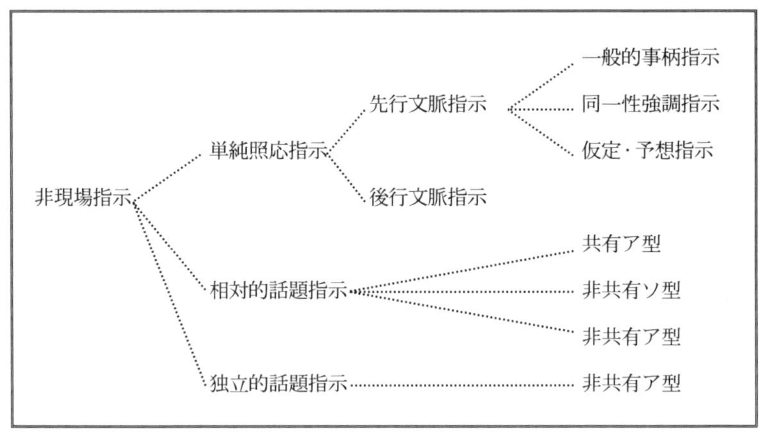

　本稿で新たに設けた基本的指示度と眼前化指示度という概念の
定義は次のように定める。

基本的指示度:

　非現場指示のコソア用法の各々において、指示対象に対する話
し手(書き手)の客観的・中和的な心的態度によって指し示す行為
を基本的指示と呼ぶ。この時、それぞれの状況の決まりによって
ソあるいはアを用いる。また、基本的指示度は、値0(非客観的・

---

12)「　」の状況別非現場指示のコソア用法の分類は、指示対象が話し手と聴き手との経
　　験的知識・記憶に関わりがあるかないかによって、話題指示と単純照応指示に大
　　別する。その後、各々下位分類を行うが、詳しいことは宋(1999)を参照されたい。

非中和的指示描写)から値1(完全な客観的・中和的指示描写)までの連続体である。

　眼前化指示度:

　非現場指示のコソア用法の各々において、指示対象に対する話し手(書き手)の何らかの強調的に生き生きと表したいという心的態度によって指し示す行為を眼前化指示と呼ぶ。この時、コを用いる。また、眼前化指示度は、値0(非強調的・非明瞭的指示描写)から値1(完全な強調的・明瞭的指示描写)までの連続体である。

　この指示度の全体図をプロトタイプ論的な見方でA類、BⅠ類、BⅡ類、C類に分けて表すと(6. 40)のようである。

(6. 40) 非現場指示における指示度の全体図

A類	BⅠ類	BⅡ類	C類
基本=1，眼前=0	基本〉眼前	基本〈眼前	基本=0，眼前=1
極小	小	大	極大
○ ソ(ア)	←————————————————————————→		○ コ

※「基本」は基本的指示度，「眼前」は眼前化指示度の略である.

　以下、図(6. 39)と(6. 40)で細別されている各々の用法におけるA類、BⅠ類、BⅡ類、C類がどのように現れるかを、コの現れを中心に、収集した200の用例の検証の上調べる。[13]用例の検証は5人のネイティブ・スピーカの自然度・許容度検査を経て行なった

---

13) 収集した200の用例は付録の「資料4」に示す。

が、この200の用例がコソア使用のすべてのケースをカバーして
いるとは言えないことを断っておきたい。

【1】単純照応指示
　単純照応指示とは話し手と聴き手の存在経験的知識・記憶とは
関係がない単なる文脈上の先行内容あるいは後行内容を指し示す
時の用法をいう。
【1-1】先行文脈指示
【1-1-1】一般的事柄指示

◆　A類（基本的指示度=1、眼前化指示度=0）：○（「○」は、この類の
　　　指示行為は現れるということである。以下省略）
　（6.41）酒、醤油、砂糖、ごま油、化学調味料を混ぜ合わせて漬
　　　　　け汁を作り、そこに下ごしらえした肉を漬け込みます。
　　　　　（金水他、1989:42）
　（6.42）A：1に1を足すと何でしょう？
　　　　　B：それは1でしょう。
　　　　　A：なぜ？

◆ＢⅠ類（基本的指示度〉眼前化指示度）：○
　（6.43）大郎は花子にプレゼントを渡そうとした。しかし、花子
　　　　　はそれを受け取らなかった。
　（6.44）A：お金を貸してください。
　　　　　B：それは困りましたね。今持ち合わせがないんですよ。
　（6.45）消費税をめぐる論議がテレビ、新聞で盛んに行われてい

　　るが、<u>その</u>論議は平行線のままで、何の実りもない。

◆ BⅡ類 (基本的指示度〈眼前化指示度〉：○

(6. 46) 大郎は花子にプレゼントを渡そうとした。しかし、花子
　　　　は<u>これ</u>を受け取らなかった。

(6. 47) A：お金を貸してください。

　　　　B：<u>これ</u>は困りましたね。今持ち合わせがないんです
　　　　　　よ。

(6. 48) 消費税をめぐる論議がテレビ、新聞で盛んに行われてい
　　　　るが、<u>この</u>論議は平行線のままで、何の実りもない。

◆ C類 (基本的指示度=0、眼前化指示度=1)：○

(6. 49) 花子の子供は花子じゃないのに、人間の子供は人間だ。
　　　　<u>これ</u>はおもしろいね。

(6. 50) ここは女の子の部屋だ。<u>この</u>ことを忘れるな。

　この一般的事柄指示ではA、B、C類すべてが現れる。ほとんど
眼前化してコで指し示すことができるが、コが用いられないA類
の場合が目につく。(6. 41)のようなソの場合は、堀口(1978b)の説
を借りると、一続きの叙述が完了しない途中に、その中の事物を
指示対象とする場合はまだ「明瞭な存在」でないために、自己に関
わりの弱いものとして平静に指示するしか許されないと言ってい
る。即ち、この場合は眼前化が拒否されるということである。(6.
42)のような場合は相手の質問に対する答えにはコが用いにくいと
いう決まりがうかがえる。B類の場合、BⅠ類であるソを用いる

か、BⅡ類であるコを用いるかは、話し手の客観的態度で述べる
か自分の身近なものとして引っ張って生き生きと述べるかの違い
で、あくまでも話し手の表現意識の問題として考えられるもので
ある。特に、その中で(6.48)の場合、B類Ⅰになって平静に(6.45)
のようにソを用いてもいいが、コがしっくりくる。その理由はテ
レビニュース等で情報を提供するのに眼前化指示度を高くするの
が効果的であるという話し手の判断のためであろう。図(6.40)か
ら言えばかなりC類に近い表現である。

【1-1-2】同一性強調指示

◆ A類（基本的指示度=1、眼前化指示度=0）：○

(6.51) 犬は<u>その</u>飼い主に似る。

(6.52) 箱があったので、<u>それ</u>に入れた。

◆ B類（基本的指示度〉眼前化指示度, 基本的指示度〈眼前化指
　　示度）：×（「×」は、この類の指示行為は現れないということ
　　である。以下省略）

◆ C類（基本的指示度=0、眼前化指示度=1）：○

(6.53) 日本国民たる要件は、法律で<u>これ</u>を決める。
　　　（日本国憲法第十条）

(6.54) 華族その他の貴族の制度は、<u>これ</u>を認めない。
　　　（日本国憲法第十四条）

　同一性強調指示では数少ないC類を除けばすべてA類になっている。B類は存在しない。なぜ、同一性強調指示ではほとんどソとしか表せないのか。

　一般的事柄指示のA類と同じように一続きの叙述が完了しないうちにその叙述の中の自分に関わり弱い事柄が指示対象になるが、その指示対象になる事柄はすぐ直前の要素に決っていることとその上それを際立たせるという特徴がある。それで、ここでは眼前化したい話し手の主観的な心的態度が入る余地がないので，平静にソで指示するしかないわけである。C類である(6. 53)、(6. 54)の場合コに決まっている。決まりきった法律等の文書では慣例的にコを用い続けているようだ。伝統的な漢文訓読(例えば、「之」等)を下ろしたものとしての慣習化も考えられる。

【1-1-3】仮定・予想指示

　◆ A類 (基本的指示度=1、眼前化指示度=0)：○

(6. 55) もし適当な候補者が見つかったら、その人の名前を知らせてください。

(6. 56) そうすればお金がなくなるでしょう。その時どうしますか。

　◆ B類 (基本的指示度〉眼前化指示度、基本的指示度〈眼前化指示度)：×

　◆ C類 (基本的指示度=0、眼前化指示度=1)：×

　仮定・予想指示ではA類のソだけが現われる。即ち、仮定・予想指示では元々コは用いられない。条件節の中の仮定された事物や未来の予想される事柄は、不特定の要素として導入されているものだから、「明瞭な存在」でもないし実質性も持たないのでコで指すことができないわけである。

【1-2】後行文脈指示
　◆ A類（基本的指示度=1、眼前化指示度=0）：×

　◆ B類（基本的指示度〉眼前化指示度，基本的指示度〈眼前化指示度）：×

　◆ C類（基本的指示度=0、眼前化指示度=1）：○
（6. 57）これはだれにも言わないでほしいですが、私は実は猫が怖いのです。
（6. 58）たとえば、こんな話がある。ある日本の技術指導者がインドに始めて行き、インド人を使って仕事を始めた。（中根千枝『適応の条件』）

　後行文脈指示の時はC類のコだけが用いられる。聞き手にとって未知の事柄を指示するのであるから、話し手自身のみの身近なものと想定し聴き手を引っ張り込もうとする形でコになるわけであろう。

【2】相対的話題指示

　相対的話題指示とは、指示される対象は話し手あるいは聞き手の経験的知識・記憶と密接に関係する話題性がある素材で、それを話し手が言及したり、聞き手が確認したりする時の用法をいう。

【2-1】共有のア型

◆A類（基本的指示度=1、眼前化指示度=0）：○

(6.59) A：あの件はどうなっていますか。

　　　　B：ああ、あれは計画通りにうまく進んでますよ。

(6.60) 千恵：だってさあ、星野達郎なんていう名前だから、どんなかっこういい人が来るかと思ってたら…

　　　薫：ああいう外見はね、結構いい人が多いのよ。

　　　千恵：そ、いい人で終っちゃうのよ、ああいう人はね。

　　　薫：星野さんに失礼でしょ。

　　　千恵：じゃ、あれと結婚する？

　　　薫：私にするって。

　　　千恵：あはははー、もう笑ったらお腹空いちゃったなあ。（『百一回目のプロポーズ』より）

◆BⅠ類（基本的指示度＞眼前化指示度）：○

(6.61) 前畑が優勝したことは、あれは大ニュースだった。

(6.62) 昨日金君にあった。あいつ来月結婚するんだって。

◆BⅡ類（基本的指示度＜眼前化指示度）：○

(6.63) 前畑が優勝したことは、これは大ニュースだった。

(6. 64) 昨日金君にあった。<u>こいつ</u>来月結婚するんだって。

◆ C類（<u>基本的指示度</u>=0、眼前化指示度=1）：×

相対的話題指示の共有のア型ではC類が現われない。即ち、特定の過去の出来事、場所、時間、人等を指し示す時コはかなり制約されるようだ。ＢⅠ類のアとＢⅡ類のコを比べた時、アがしっくりくるので、図(6. 40)からいえば、自然な用い方はA類に近い表現であると言える。

【2-2】非共有のソ型

◆ A類（<u>基本的指示度</u>=1、眼前化指示度=0）：○

(6. 65) A：林さんが見えませんね。

　　　　B：林さんですって？<u>その方</u>、どういう方ですか。

(6. 66) A：クリスマス会のプレゼント、もう買った？

　　　　B：いや、<u>それ</u>がまだなんだ。

　　　　A：ぼく、もう買ったよ。クイズの本、買った。

　　　　B：<u>その</u>本どこで買ったの？

　　　　A：駅の近くに、新しい本屋ができたんだ。漫画もあるよ。学校が終わってから、<u>その</u>本屋に行ってみよう。

◆ＢⅠ類（<u>基本的指示度</u>＞眼前化指示度）：○

(6. 67) A：昨日、中学時代のバレー部の先輩に会ったんだけど、<u>その</u>先輩は小さい子供5人いっしょで、びっくりしたわ。

　　　B：僕たちも早く赤ちゃんがほしいね。

(6. 68) 僕は今同級生の順子という女の子とつきあってんだ。<u>そ</u>
　　　<u>の</u>子は、今まで付き会ったどの女の子より、話していて
　　　樂しいんだよ。

◆ＢⅡ類（基本的指示度〈眼前化指示度〉：○

(6. 69) Ａ：昨日、中学時代のバレー部の先輩に会ったんだけ
　　　　　ど、<u>この</u>先輩は小さい子供5人いっしょで、びっく
　　　　　りしたわ。

　　　Ｂ：僕たちも早く赤ちゃんがほしいね。

(6. 70) 僕は今同級生の順子という女の子とつきあってんだ。<u>こ</u>
　　　<u>の</u>子は、今まで付き会ったどの女の子より、話していて
　　　樂しいんだよ。

◆ Ｃ類（基本的指示度=0、眼前化指示度=1）：×

　相対的話題指示の非共有のソ型ではＣ類は現われない。ＢⅠ類の
ソとＢⅡ類のコを比べた時、ソがしっくりくるので、図(6. 40)から
いえば、自然な用い方はＡ類に近い表現であると言える。

【2-3】非共有のア型

◆ Ａ類（基本的指示度=1、眼前化指示度=0）：○

(6. 71) Ａ：バスの中で素敵な人にあったわよ。

　　　Ｂ：ふふん。

　　　Ａ：<u>あの</u>人にもう一度会えないかしら。

　　　（『現代日本語コース中級Ⅱ』、1989:235）

(6. 72) A：この本、ミラーという人が書いたそうなんですが、

　　　　　どこの人ですか。

　　　　B：君、あの先生を知らないのか？

(6. 73) 総務課に山田っていう人がいるから、あの人に聞いてみ

　　　たら？

◆　B類（基本的指示度〉眼前化指示度，基本的指示度〈眼前化指

　　示度）：×

◆ C類（基本的指示度=0、眼前化指示度=1）：×

　相対的話題指示の非共有のア型ではA類だけ現われる。即ち、相対的話題指示の非共有のア型では元々コは用いられない。話し手と聴き手の両者にとって共有知識・経験でない対象は普通ソを用いる。しかし、話し手だけの知識・経験の対象でもその話題性に集中しながら、聴き手の存在を配慮しない(上下・親疎関係による)と想定して指す場合アを用いることができる。この時、アを選ぶ話し手の心的態度自体が相当明瞭化されている状況であるのでコで再三明瞭化するのが難しいわけであろう。

【3】独立的話題指示

　独立的話題指示とは、聴き手がいない「場」の状況のなかで、指示される対象は話し手の観念に存在している経験的知識・記憶と密接に関係する話題性がある素材で、それを話し手が独り言とか独白で言及する時の用法を言う。

【3-1】独立的話題指示のア型

　◆A類（基本的指示度=1、眼前化指示度=0）：○

(6.74)（昨日食べたフランス料理の味が忘れられなくて、一人
　　　　でつぶやく。）あの料理はうまかったなあ。

(6.75)（自分の母のことを思い出しながら）日本に来てから考え
　　　　たら、あんないいお母さんいなかったと思う。

　　　　　（迫田、1996:8）

　◆ＢⅠ類（基本的指示度〉眼前化指示度）：○

(6.76)（日記で）きのう生協で可愛い女の子がレジをしていた。
　　　　あの子は何年生だろうか。もう彼氏はいるのだろう
　　　　か。あしたは話しかけてみよう。

　◆ＢⅡ類（基本的指示度〈眼前化指示度）：○

(6.77)（日記で）きのう生協で可愛い女の子がレジをしていた。
　　　　この子は何年生だろうか。もう彼氏はいるのだろう
　　　　か。あしたは話しかけてみよう。

　◆C類（基本的指示度=0、眼前化指示度=1）：×

　独立的話題指示のア型ではC類が現れないし、B類も少ないよう
である。しかも、B類の中でも、ＢⅠ類のアがＢⅡ類のコより自然
でじっくりくる。一概には言えないが、話し手だけの観念に存在
している経験的素材はほとんどアを使っているようである。ＢⅡ
類の(6.77)のコの場合は稀なものであると思う。即ち、話し手の
観念に存在している経験的素材を日記という文章の形に表してい

るから、指し示している対象は観念の中で浮かんでいるものであると同時に直前の文の中に文字化している先行詞でもあるという特徴を持っているわけである。今後、同じ独立的話題指示であっても、独り言とか独白という形とそれを日記などのような文字化しているときの用い方の違いの究明に迫りたい。

　以上、非現場指示のコの使い分けを，プロトタイプ論的な指示度の全体図という仮説に基づいて，明らかにした。(6.78)のようにまとめられる。

(6.78) 非現場指示におけるコの現れの関係から見たコソアの
　　　　用い方

非現場指示の コソア用法の分類			A類(基本的 指示度=1、 眼前的指示 度=0)	B類(基本的指示度〉 眼前的指示度、基本的 指示度〈眼前的指示度)	C類(基本的指示度=0、 眼前的指示度=1)
単純照応指示	先行内容指示	一般的事柄指示	○(ソ)	○(基)眼:ソ、基〈眼:コ	○(コ)
		同一性強調指示	○(ソ)	×	○(コ)
		仮定・予想指示	○(ソ)	×	×
	後行内容指示	指示的・属性的名詞句指示	×	×	○(コ)

非現場指示のコソア用法の分類			A類(基本的指示度=1、眼前的指示度=0)	B類(基本的指示度〉眼前的指示度、基本的指示度〈眼前的指示度〉)	C類(基本的指示度=0、眼前的指示度=1)
相対的話題指示	共有ア型		○(ア)	○(基〉眼:ア、基〈眼:コ)	×
	非共有	ソ型	○(ソ)	○(基〉眼:ソ、基〈眼:コ)	×
		ア型	○(ア)	×	×
独立的話題指示	ア型		○(ア)	○(基〉眼:ア、基〈眼:コ)	×

　非現場指示のコの指導は現場指示のコの指導より難解のようである。しかし、ある意味では、韓国語との類似性に頼って、用例いくつかをあげながら「現場指示的」にまるで目の前にあるかのように表したい時コを用いることができると説明すれば済むかも知れない。しかしながら、(6.78)からもわかるように、非現場指示は「場」の状況別用法と話し手の心理的態度により、B類のようにコとソ(あるいはア)の中でどちらを用いてもおかしくない時もあり、C類のようにコを用いたくても用いられない場合もある。また、「一般的事柄指示」の場合A、B、C類ともに現れてコソア選択の多様性も見えるし、コソア選択が一つの類に制限されている「仮定・予想指示」「後行内容指示」「非共有ア型」もある。ことに「後行内容指示」はコだけ用いられる。従って、できればそのきまりの体系を明らかにし、指導に活用すれば良いと考える。

　非現場指示のコの指導は、以下の二点を考慮すべきであろう。

　(1)　コを用いるか他にソ或いはアを用いるかは、本調査の結果から、各々の用法別にある程度固定されていることが明らかになった。ことに、「仮定・予想指示」と「非共有ア型」の場合はもともとコを用いることができないことが分かった。従って、「仮定・予想指示」と「非共有ア型」の用例を示しながら、このような場合以外のすべては、「現場指示的」にまるで目の前にあるかのように表したい時に、コが用いられることを示す。

　(2)　B類が成立する時、いずれを用いても不自然ではないが、その選択は指示対象と聞き手(読み手)に対する話し手(書き手)の視点の関係に任されている。そして、聞き手(読み手)が存在していない独立的話題指示の場合はその独白や独り言を日記などのように文章化(文字化)する場合にB類の成立が関わっているようである。従って、B類のようなコと「ソあるいはア」両方とも用いられる用例をいくつか提示して、コに対する「ソあるいはア」の用い方の違いを明確に認識させる。

第7章

日本語学習者に
対する指示詞コソアの指導

　すでに述べた「場」の状況別コソア用法と習得の現状と各系列の指導を踏まえて、ここでは、「場」の状況別コソア用法の段階的指導とモジュール型教材による指導を提示する。

7-1　「場」の状況別コソア用法の段階的指導

7-1-1　学習項目の設定

　以下のような原則に従って指導段階別学習項目を設定する。

【1】学習項目は「場」の状況別コソア用法である現場指示の三つの用法(独立的現場指示、相対的現場指示の対立型、相対的現場指示の融合型)と非現場指示の三つの用法(単純照応指示、相対的話題指示、独立的話題指示)に基づく。

【2】韓国語の指示詞との共通点を相違点より先に提示する。

【3】コソア文の種類には複合型コソア文(二つ以上の「場」の状況別意味用法が入り交じっているコソア文)もあり得るが、ここでは単純型コソア文(一つの「場」の状況の指示表現)だけをその対象にする。

【4】「易から難」に基づいて、現場指示を非現場指示より先に提示する。

【4】現場指示の融合型は学習難易度を考慮して二つに分ける。即ち、相対的現場指示の融合型Ⅰ(コ、ア)と相対的現場指示の融合型Ⅱ(コ、ソ、ア)に分ける。

【6】非現場指示の相対的話題指示は学習難易度を考慮して二つに分ける。即ち、相対的話題指示Ⅰ(共有のア、非共有のソ)

と相対的話題指示Ⅱ(共有のア、非共有のソ、非共有のア)に
分ける。

【7】 コソア文の意味用法の中には独り言、内言といった「独立的」
指示行為も含まれるが、対話を原則とするコミュニケー
ションにおいては一般的ではないので学習項目として扱わ
ないことにする。但し、非現場指示の独立的話題指示アは
日常的で且つ対話に多く現われるので学習項目として取り
扱う。

【8】 現場、非現場の各々の「場」の状況別意味用法以外に、慣習
化・特定化されているコソアの用い方(第四章の(4.2)参照)も
あるが、ここでは取り扱わない。

以上の【1】～【8】のような原則に基づいて設定された指導段階
別学習項目は(7.1)のようである。

(7.1) 指導段階別指示詞コソアの学習項目

❑ 1段階：相対的現場指示の対立型(コ、ソ)

❑ 2段階：相対的現場指示の融合型Ⅰ(コ、ア)

❑ 3段階：相対的現場指示の融合型Ⅱ(コ、ソ、ア)

❑ 4段階：非現場指示用法の単純照応指示(コ、ソ)

❑ 5段階：非現場指示用法の相対的話題指示Ⅰ(共有ア、非共有ソ)

❑ 6段階：非現場指示用法の独立的話題指示(非共有ア)

❑ 7段階(発展補充段階)：非現場指示用法の相対的話題指示Ⅱ

(共有ア、非共有ソ、非共有ア)

7-1-2 学習項目の段階的指導

　1〜3段階の現場指示は入門期から導入され初級までに習得できることが望ましい。但し、3段階の融合型Ⅱの中称の「ソ」の提示および指導は教え方によっては中級レベルでも可能である。なぜなら、中称の「ソ」は初級の段階ではあまり使われない改まった指示表現がほとんどであるので、早いうちの提示のせいでかえって1、2段階の定着の障害になる恐れがあるからである。要するに、現場指示の融合型においてはまず我々（話者と聴者）から近い対象はコ、遠い対象はアで指し示すと教える。それが定着した後、その対象の中で近くも遠くもない対象はソで指し示すことができると教えようということである。

　現場指示の1、2段階の「これ・それ・あれ」「この・その・あの」「ここ・そこ・あそこ」などは大体「〜は〜です」とか「〜に〜があります、〜に〜がいます」とか「〜は〜ほど〜です、〜は〜より〜です」などの文型の中で提出されている。その時、1段階と2段階の「場」の状況を区分せずにコは「話者から近いもの」、ソは「話者から少し遠いもの」、アは「話者から遠いもの」というふうに導入する場合が多い。その結果、すこし離れた席に座っている話し相手のものをアで指し示す誤用現象が現に起っている。そのような誤用を起こさせないためにも敢えて二段階を立てているわけである。要するに、1、2段階に区分しているのは元々違う「場」の状況であることと誤用を事前に阻止するための順序性を確保するためである。

　順序性において、現場指示の対立型が融合型よりなぜ先かについては次の二つの理由による。一つ目は、話者の領域のコと相手の領域のソという対立型の「場」は初級段階の学習者にとって教室の中でも練習場面を作りやすいからである。2つ目は、融合型では中称の「ソ」という韓国人学習者にとって親しみのない用い方があるのに対して、対立型は韓国語とそのまま対応していて、身近に感じられるものだからである。

現場指示用法の学習の後に、非現場指示用法の指導に入る。(但し、3段階の現場指示の融合型Ⅱは非現場指示用法と時期的に平行して教えてもかまわないと思う。)大体初級の後半か中級から始まるのがいいと思う。非現場指示用法の習得の問題はソとアの使い分けに尽きると言っても過言ではないことは、すでに明らかになっている。そのため、日本人の自然なコソア行為の認知構造であると考えられている各々の「場」の状況別用法を段階的に教えるのが望ましい。まず、アが現れない「場」の状況である単純照応指示用法の学習から始める。その次に、指示対象が話題性のある経験的知識の「場」の状況で、それが共有知識であればア、非共有知識であればソに使い分ける相対的話題指示用法を取り上げる。ここでは、先に提出した学習項目である単純照応指示とは違う「場」の状況であることを自ずから理解できるようにする。即ち、単純照応指示は話し手と聞き手との個人的知識経験とは関わりが弱い一般的事柄や仮定・予想的なこと、同一性強調を指し示す「場」の状況で行われる指示行為であるのに対して、相対的話題指示は話題性のある経験的知識を指し示す「場」の状況で行われる指示行為であることを明白にわかるようにする。非現場指示用法の中でも単純照応指示を先に提示するのは次の二つの理由による。一つ目は単純照応指示は韓国語とそのまま対応しているからである。二つ目は非現場指示の相対的話題指示と独立的話題指示は連続性を持っている同じ話題指示グループのものであるので、後で連続的に取り上げるのが良いと判断したからである。

　4段階の単純照応指示と5段階の相対的話題指示用法の学習が終わった後、6段階の独立的話題指示用法の学習に入る。その時、必ず相対的話題指示の「場」の状況との違いを明白にすべきである。即ち、独立的話題指示は、聞き手が存在する相対的話題指示とは違って、「場」の状況の中では聞き手が存在しない独り言とか独白とか回想的言い方による指示行為であることを十分理解させる。ことに、身近に感じられる多様な例文の提示とともに、相対的話題指示の「場」の状況の時の'非共有のソ'が独立的話題指示の「場」の状況では'非共有のア'になることを理解させる。

　以上の1〜6段階を以って指示詞コソアの段階的指導が一応終わることになるが、コソアの文法性に興味を持っている上級以上の学習者には発展補充段階として7段階の相対的話題指示Ⅱを提示することもできる。結局、相対的話題指示の学習は二段階になっているわけである。最初の段階、つまり相対的話題指示Ⅰでは(7.2)のように共有型のアと非共有型ソの用い方を提示、例文を提示しながら理解を深める。実は、この相対的話題指示Ⅰの習得だけでも別に問題はないだろうと思う。しかし、実際生活の中では稀ではあるが、相対的話題指示Ⅱのような用い方も接することもできるので発展補充段階として学習項目化しているわけである。相対的話題指示Ⅱの指導は、必ず相対的話題指示Ⅰを十分習得している学習者を対象にして、実は相対的話題指示の非共有型の中にはソだけでなく非共有型のアという用い方もたまにはあるとしながら、(7.3)と身近な例文をもって理解を深めさせる。結局、非共有型のアは聞き手(相手)を配慮しないため丁寧さが欠けて何となく独話的な言い方に近い指示行為であると言える。

(7.2) 相対的話題指示 I

		話し手	
		既知	未知
聞き手	既知	ア	ソ
	未知	ソ	ソ

(7.3) 相対的話題指示 II

		話し手	
		既知	未知
聞き手	既知	ア	ソ
	話し手中心：ア 聞き手配慮：ソ	ソ	ソ

7-2 モジュール型教材による指導

7-2-1 教材作成の基本理念

　モジュール型教材というのは、各単元が各々完結しており、どれをどの順序で使うかを自由に決められる形式の教材であると言われている。必ずしも最初のページから順を追って勉強しなくても差し支えない。特に必要と思われるところを必要な時選んで利用すればいい。こうした新しい試みの教材が最近注目を浴びているが、その理由は学習者のニーズとレベルとコースの必要性に合わせてそのたびごとに学習事項を選択し、発展・定着させることのできる融通性を持っているからである。文法項目であるコソア用法の習得にこのようなモジュール型教材を導入するのは具体的に次のような考え方に基づいている。

【1】一つの概念規定で収まらないコソア用法の認知構造には「場」の状況別の色々な用い方があるので、各々を別々の学習項目として指導する方が分かりやすい。

【2】同じレベルあるいは各レベルの日本語学習者のコソアの習得が一様でないという現状に即して、能率的にコソアを指導するためには必要に応じた学習項目を適時に選択し、学習レベルに合わせて指導する方が効果的である。

7-2-2 教材の提示

　指示詞コソア用法の習得のためのモジュール型教材は、一つの学習項目を一つの単位モジュールにして、次のように七つのモ

ジュールから成る。そして、各々のモジュールはダイアログ、き
まり、モデル表現、使い方の練習の順で構成される。

【モジュール1】現場指示の対立型(コ、ソ)

1. A：写真を撮りますから<u>そこ</u>にいてください。

　B：はい、<u>ここ</u>でいいですか。

2. 医者：(患者のお腹を触りながら)<u>ここ</u>がいたい？

　患者：はい、<u>そこ</u>がいたいんです。

〈きまり〉

　現場指示の対立型のコ：

　話し手と聞き手が対立している現場の「場」の状況の中で、相手
(聞き手)の領域ではなく自分(話し手)の領域にある指示対象を指
し示したいと想定したとき用いる。

　現場指示の対立型のソ：

　話し手と聞き手が対立している現場の「場」の状況の中で、自分
(話し手)の領域ではなく相手(聞き手)の領域にある指示対象を指
し示したいと想定したとき用いる。

〈モデル表現〉

　1. (電話での会話)

　　A：もしもし、今東京駅にいますが、雨が降ってきたので、

　　　傘を持って<u>ここ</u>まで迎えに来てください。

　　B：わかりました。あと10分ぐらいしたら、<u>そこ</u>に着くと思

います。

2. くすぐったい

　　李：佐藤さん、背中がかゆいんですか。

　　佐藤：ええ，かゆくてたまらないんです。李さん、ちょっと
　　　　　背中かいてもらえますか。

　　李：ええ、いいですよ。この辺ですか。

　　佐藤：もう少し左のほう。あああ、そこです。李さん、くす
　　　　　ぐるのやめてください。

　　李：くすぐったいですか。

　　佐藤：ええ。

3. チケット

　　純平：電話では断られたはずだよな。

　　達郎：そうだよ、断られたんだよ、俺はちゃんとな。

　　純平：それなのにさらに、そのチケット。

　　達郎：そうだよな。それなのにこのチケットなんだ問題は。

　　純平：普通ならしつこいからって警察に通報されるのがおち
　　　　　だよな。

　　達郎：おちだよ、そりゃ俺は今までずうっと落ちたんだよ、
　　　　　落ちてきたんだよ俺はずっとさ。（『101回目のプロ
　　　　　ポーズ』より）

〈使い方の練習〉

1. (美容院で)

　　店の人：どれくらい切りましょうか。

　　客：ちょっと短めにしてください。

店の人：これくらいですか。

客：ええ、（　　）くらいにしてください。

2.（電話で）

李：もしもし、佐藤さんですか。李ですけど。

佐藤：あっ、李さん、しばらくです。みんなお元気ですか。

李：ええ、（　　）はみんな元気です。そちらはどうですか。

佐藤：ええ、おかげさまで、元気でやっています。

3.（病院で）

医者：どこが痛いですか。ここですか。

患者：いえ、もう少し上です。

医者：じゃ、ここですか。

患者：ええ、（　　）です。

【モジュール2】現場指示の融合型Ⅰ（コ、ア）

（道で二人が話し合う）

佐藤：李さん、<u>この</u>辺にコンビニはありますか。

李：コンビニですか。<u>あそこ</u>にガソリンスタンドがありますね。

佐藤：ええ。

李：<u>あの</u>向かい側にありますよ。

佐藤：向かい側？　向かい側は銀行ですけど。

李：ああ、間違えました。向こう側です。私、向かい側と向こう側、いつもまちがえるんです。

〈きまり〉

　現場指示の融合型のコ：我々(話し手と聞き手)が一体化(融合)している現場の「場」の状況の中で、我々の近くにある指示対象を指し示したいと想定したとき用いる。

　現場指示の融合型のア：我々(話し手と聞き手)が一体化(融合)している現場の「場」の状況の中で、我々の遠くにある指示対象を指し示したいと想定したとき用いる。

〈モデル表現〉

1. (道を尋ねる時)ちょっとおたずねしますが、ここから駅まで遠いですか。

2. こんな時間

　順子：あ、たいへん、もうこんな時間だわ。

　哲朗：あ、もうこんな時間ですか。お宅まで乗せてあげますよ。

　順子：いつも悪いですね。

　哲朗：順子さんのお宅には門限がありますか。

　順子：いいえ、特にはありませんが、こんな時間だったらずいぶん心配するでしょう。

3. こっち、こちら、ここ

　鈴木：朴さん、ごみはちゃんと分けて捨ててくださいね。

　朴：でも、どう分けたらいいかわからないんです。

　鈴木：空き缶、空き瓶はこっち、紙屑はこっちに捨ててください。

朴：タバコの吸い殻は？

鈴木：タバコの吸い殻は、<u>こちら</u>に捨ててください。それか
　　　ら生ごみは<u>ここ</u>です。

4.（空を飛んでいる飛行機を指差しながら）

　　子：<u>あれ</u>が飛行機なの？

　　母：そうよ、<u>あれ</u>が飛行機だよ。

〈使い方の練習〉

1.（部屋の中でいっしょに3〜4m前のテレビを見ながら）

　　母：この人、誰？

　　子：（　　）人を知らないのか。イチロウさんだよ。

2. A：あそこにある建物は何だろう。

　　B：（　　）は多分発電所ですよ。

3. あの先生

　　李：あの先生今日は何だか機嫌がよさそうですね。

　　佐藤：ああ、（　　）先生昨日、宝くじが当たったそうですよ。

　　李：道理でさっきからニコニコしていると思った。

　　佐藤：李さんは宝くじ、当たったことがありますか。

　　李：いいえ、私、くじ運がないんです。（　　）先生のように当
　　　　たってニコニコしたことは一回もありません。

　　佐藤：僕も同じです。いつもはずればかりですから。

【モジュール3】現場指示の融合型Ⅱ(コ、ソ、ア)

1. 李：ずいぶん日が短くなりましたね。

  岡田：そうですね。もう秋が<u>そこ</u>まできたって感じです
    ね。

  李：日本は韓国より東にあるので、日の出も日の入りも早
    いですね。

  岡田：ええ、東京とソウルでは、一時間ぐらい差があると
    思います。

2. A：お出掛けですか。

  B：はい、ちょっと<u>そこ</u>まで行ってまいります。

〈きまり〉

　現場指示の融合型のソ：我々(話し手と聞き手)が一体化(融合)し
ている現場の「場」の状況の中で、我々に近くもそう遠くもない指
示対象を指し示したいと想定したとき用いる。

〈モデル表現〉

1. (タクシーに乗っているお客が10メートルぐらいの前に停め
  てほしいと思って)

  客：<u>そこ</u>の煉瓦の建物の前に停めてください。

  運転手：はい、<u>そこ</u>の角のところですね。

2. (学内を案内して)この建物は工学部です。<u>その</u>建物は教育学
  部です。

3. A：ちょっと俺の眼鏡を取ってくれないか。

  B：どこにあるの。

  A：どこか<u>その</u>辺にあるだろう。(正保、1981:73)

〈使い方の練習〉

1. A：そこにできた店はいつ開店するんだろうかね。

  B：(　　)の店ですか。来週早々には開店するらしいですよ。

2. (交通安全の標語)あわてるな、横断歩道は(　　)にある。

3. A：ちょっとそこまで散歩して来よう。

  B：どこまで。

  A：(　　)の公園の辺りだよ。

4. 発展練習：(現場指示の融合型の)ソをいれて自由にスピーチ
          をしなさい。

【モジュール4】非現場指示の単純照応指示(コ、ソ)

1. 消費税をめぐる論議がテレビ、新聞で盛んに行われている
   が、<u>その</u>(この)論議は平行線のままで、何の実りもない。
2. 犬は<u>その</u>飼い主に似る。
3. 日本国民たる要件は、法律で<u>これ</u>を決める。
4. もし適当な候補者が見つかったら、<u>その</u>人の名前を知らせ
   てください。
5. そうすればお金がなくなるでしょう。<u>その</u>時どうします
   か。
6. <u>これ</u>はだれにも言わないでほしいのですが、私は実は猫が
   怖いのです。

<きまり>

　単純照応指示のソ：指示される対象は話し手あるいは聞き手の経験的知識、記憶とは無関係な単なる先行詞で、仮定された出来事、予想される出来事または一般的な事柄を平静に指し示したいと想定した時用いる

　単純照応指示のコ：指示される対象は話し手あるいは聞き手の経験的知識、記憶とは無関係な単なる先行詞で、仮定された出来事、予想される出来事または一般的な事柄を「明瞭な存在」として対象化し、「現場指示的」に生き生きと指し示したいと想定した場合用いる。コが用いられる時はソと交替可能な場合が多いが、コの後方照応の場合は、交替不可能である。文章の中で引用として提示した文や写真や図などを直接指し示す場合もコのみが用いられる。

<モデル表現>

1. 大郎は花子にプレゼントを渡そうとした。しかし、花子は<u>それ</u>を受け取らなかった。

2. …もちろん、あらゆるものから何かを学び取ろうとする姿勢を持ち続ける限り、年老いることはそれほどの苦痛ではない。<u>これ</u>は一般論だ。…（村上春樹『風の歌を聴け』冒頭）

3. 一目会った<u>その</u>日から愛の花咲くこともある。

4. すぐ<u>雨</u>が上がりますから、<u>それ</u>を待ちなさい。

5. 庭でチー、チーという鳥の鳴声がした。<u>それ</u>ははじめて聞く鳴声であった。（馬場、1992:36）

6. 結婚は。まず、出会いから始まります。<u>その</u>出会いのきっか
   け作りとして、最近では地域が主催するお見合いパーティが
   増えてきています。地元の人同士で結婚することで、若者に
   定着してほしいという願いがあるようなんです。
   (NHKニュース，現代結婚情報)

7. たとえば、<u>こんな</u>話がある。ある日本の技術指導者がインド
   に始めて行き、インド人を使って仕事を始めた。
   (中根千枝『適応の条件』)

8. まだ帰ってこないところを見ると、<u>これ</u>は何か事故に遭った
   のかもしれない。

9. 清水さんのおかげで、ようやく家に帰り着くことができまし
   た。私は<u>この</u>時初めて、人の親切の有り難さをしみじみと感
   じました。

10. (日本に留学する学生に)
    先生：言葉というのは、<u>その</u>国の文化と大きな関わりがあ
    　　　りますから、文化も学ばなければなりませんよ。
    学生：はい。
    先生：文化的な違いで、理解できないことがあるかも知れ
    　　　ません。でも、そんな時も恥ずかしがらずに、どん
    　　　どん質問すればいいんです。<u>そんな</u>質問ができるく
    　　　らい仲のいい友だちを見つけてください。
    学生：はい。先生、日本で修士号を取ったら、<u>その</u>時は一
    　　　番に先生にご報告します。
    先生：待っていますよ。頑張ってください。

〈使い方の練習〉

1. A：花子の子供は花子じゃないのに、人間の子供は人間だ
　　　よ。

　　B：（　　）はおもしろいね。

2. 素敵な人が現れたら、（　　）時結婚するわ。

3. 事件を起こした（　　）張本人が知らん顔をしている。

4. ここは女の子の部屋だよ。（　　）ことを忘れるな。

5. A：お金を貸してください。

　　B：（　　）は困りましたね。今持ち合わせがないんですよ。

6. 子供が重い病気、難病にかかったときに、（　　）治療と看護を
　　どうするのか、親にとっては大きな問題となっています。
　　（NHKニュース、ファミリーハウス）

7. 患者：先生、これを飲めば、すぐ熱が下がるでしょうか。
　　医者：ええ、だいじょうぶです。もし熱が1時間経っても下
　　　　　がらなかったら、（　　）時、また電話してください。

8. 「完璧な文章などといったものは存在しない。完璧な絶望が
　　存在しないようにね。」
　　僕が大学生のころ偶然に知り合ったある作家は僕に向かっ
　　て（　　）いった。ぼくがその本当の意味を理解できたのは
　　ずっと後のことだったが、少なくとも（　　）をある種の慰め
　　としてとることも可能であった。（村上春樹『風の歌を聴け』
　　冒頭）

【モジュール5】非現場指示用法の相対的話題指示 I（共有ア、非
共有ソ）

1. A：山田先生を尊敬していらっしゃるそうですね。
   B：はい、私も<u>あの</u>ような立派な研究者になれればと
     思って努力しています。
2. A：<u>あの</u>件はどうなっていますか。
   B：ああ、<u>あれ</u>は計画通りにうまく進んでますよ。
3. 僕は大阪で山田太郎という先生に教わったのですが、
   <u>その</u>先生が僕に哲学の道を薦めてくださったんです。
4. 学生：先生は孝という食堂ご存じですか。
   先生：いいえ、知りません。<u>その</u>店は和食の店です
     か。
5. 昨日中学時代の友達に会ったんですが、<u>その</u>人（この
   人）が就職口を探してくれると言ってくれました。
6. A：林さんが見えませんね。
   B：林さんですって？<u>その</u>方、どういう方ですか。
7. A：私、今度北海道の帯広という町へ引っ越しするする
     の。お母さんの話によると、<u>その</u>町では、一年中
     スキーができるんだって。
   B：わぁー、いいねー。私も<u>その</u>町に遊びに行きたい
     なあ

〈きまり〉

　相対的話題指示Ⅰの共有のア：指示される対象は話し手と聞き手との共有の体験的知識や記憶を保ちあっている素材で、それを話し手が言及したり聞き手が確認したりする時用いる。この時のアを相対的話題指示の「共有のア型」と呼ぶ。

　相対的話題指示Ⅰの非共有のソ：指示される対象は話し手と聞き手の中でいずれかの一方的あるいは皆無の体験的知識や記憶の素材であり、それを丁寧に話し手が言及したり聞き手が確認したりする時用いる。この時のソを相対的話題指示の「非共有のソ型」と呼ぶ。

〈モデル表現〉

1. A：私が鈴子と離れたのはもう5年前ですよ。

　 B：うん、そうね、あの頃はみんな若かったねえ。

2. A：昨日市役所の鈴木哲朗という人に会って話をしました。

　 B：あの人、友達なんです。

3. 総務課に山田って言う人がいるから、その人に聞いてみたら？

4. 私の中学時代、英語がすごく下手な人がいたんですが、その人が今度英語の本を出したんです。

5. A：小学校の時に好きな先生が一人だけいます。その先生は若い先生でしたが、私たちに読書のおもしろさを教えてくださいました。

　 B：きっといい先生だったんでしょうね。

6. (電話での会話)

　　A：ところで、あの本もう読みましたか。

　　B：ああ、一週間前にお借りした本ですね。半分ぐらい読ん
　　　　だところですが、なかなか面白いですね。

　　　　（金水他、1988：39）

7. 昨日金君にあった。あいつ来月結婚するんだって。

8. (手紙)

まり子へ

ご無沙汰しています。皆さん、お元気ですか。相変わらず、
お仕事おいそがしいですか。(中略)アメリカの大学での勉強
は、考えていたよりずっとたいへんです。なぜ、30才にも
なってこんなにつらい思いをしているのかと思います。でも、OLをやめて自分で選んだ道だから仕方ありません。ときどき、まり子とよく行った池袋のラーメン屋さんを思い出します。あそこの醤油ラーメンが食べたいですね。(『ペアで覚えるいろいろな言葉』より)

9. A：昨日、中学校のバレー部の先輩に会ったんだけど、その
　　　先輩小さい子供5人といっしょで、びっくりしたわ。

　　B：僕たちも早く赤ちゃんがほしいね。

10. 田中：小川さん、今年のお正月はどこかへ行きましたか。

　　小川：ええ、びわ湖の近くの長浜というところへ行ってき
　　　　　ました。その町まで自動車で7時間もかかりました。

　　田中：へえー、それでその町はどうでしたか。

　　小川：静かで、とてもきれいな町でしたよ。

11. (思い出のレストラン)

母：六本木のどこで食事をしたの？

良子：銀河亭っていう古くて素敵なレストランよ。

母：あら、銀河亭？知っているわ。昔は父さんによく連れて行ってもらったのよ。ねえ、お父さん、覚えていますか、あの店。

父：うんうん、<u>あそこ</u>へはよく行ったなあ。<u>あの</u>頃は西洋料理の店が今よりずっと少なかったから、いつも込んでいたね。

良子：今日も満員だったわ。あの店は狭いから…。

弟：僕も<u>その</u>店へ行ってみたいなあ。どんなところなの、<u>そこ</u>。

父：<u>そこ</u>はね、最近のレストランとは少し違うんだよ。クラシックな感じなんだ。

良子：今度みんなで一緒に行きましょう。

（文化初級日本語Ⅱ、1991:64）

〈使い方の練習〉

1. A：昨日金君にあった。あの人はずいぶん変わった人だね。

   B：（　　）は変人ですよ。

2. 昨日君といっしょに田中さんと会ったけれど、（　　）時彼は何を着てた？

3. A：私、車の免許を取りました。

   B：へえ、（　　）はいつのことですか。

4. クイズの本

A：クリスマス会のプレゼント、もう買った？

B：いや、それがまだなんだ。

A：ぼく、もう買ったよ。クイズの本、買った。

B：（　）本どこで買ったの？

A：駅の近くに、新しい本屋ができたんだ。漫画もあるよ。
　　学校が終わってから、（　）本屋に行ってみよう。

5. 水野先生の授業

A：ねえ、今年、水野先生の授業取ってる？

B：うん。

A：前期、試験あるかどうか知ってる？

B：いやー、前期はないみたいよ。

A：よかったー。ねえ、（　）先生、出席取ってる？

B：ときどきね。ちか子、（　）授業出てないの？

6. あの子との結婚式

息子：お父さん。ぼく、彼女と結婚しようと思ってるんだ。

父：え？彼女って？

息子：ほら、この前、家に連れてきただろ。（　）子だよ。ぼく
　　　たち、ウィーンで結婚式を挙げようと思うんだけど…。

　　　（『なめらかの日本語会話』、1997:24）

7. メイちゃーん

A：メイちゃーん。

B：メーイ！メイ、戻ってきた？

A：バス停にもいなかった？

B：うん。

A：おかしいなあ。どこに行っちゃったんだか。

B：さっき、メイとけんかしたの。だって、メイったら…。
（　　）子、お母さんの病院に行ったんじゃないかしら。（ビ
デオ：『となりのトトロ』）

8. 論文探し

学生：先生、アスペクトと福祉の関係について書いたいい論文
はありませんか。

先生：きみ、「ケーススタディ日本文法」を持っているだろう。

学生：ええ。

先生：（　　）本の巻末に参考文献が載っているから、それをみた
ら。

9. レポート

A：田中先生のレポート、書いた？

B：ううん、まだ書いてない。どうしよう。

A：とにかく、枚数を揃えるしかないよ。（　　）先生、しさえすれ
ば、単位はくれるから。

10. （電子メールで）

お元気ですか。突然ですが、ロンドンでよく行ったデパー
トの名前、覚えていますか？（　　）時は、ただ近いというだ
けで、（　　）デパートに通っていましたが、あそこ、実は世
界的に有名なデパートなんだそうです。

会社の同僚がこの連休にロンドンに行ってきたんだけど、
（　　）人が言うには、今では日本人の観光客でごった返して
いて、写真撮影が禁止されたほどだって。で、その人も私
も肝心のデパート名を忘れちゃったので、もし山田さん、
覚えていたら至急、メールください。

11. ファミコンが上手な子

A：ぼくのクラスにあきら君って言う男の子がいるんだ。

（　　）子ね、ファミコンが上手なんだ。

B：その子、新しいマンションに住んでいる子だろ？

A：うん、そうだよ。知ってるの？

B：知ってる、知ってる。遊びに行ったこともあるよ。（　　）子はお母さんが働いているから、いつも家で一人でファミコンしてるんだって。

12. あわてる

裕史：表にスケベそうなオッサンがうろうろしてたんで、「何かご用ですか」って言ったら、そそくさと逃げちゃった。

京子：（　　）人、太ってて，サングラスかけてなかった？

裕史：そうそう，見るからに嫌らしそうなオッサンだった。

京子：そして、マスクしてたでしょう。

裕史：なんで、知っているの？

京子：（　　）人、私の父です。さっき、母から電話があって、そちらに向かったから、よろしくって。

裕史：そうですか。いやあ，道理で立派な紳士だと思いました。はは。

【モジュール6】非現場指示用法の独立的的話題指示(非共有ア)

> 1.（日記で）
>
> きのう生協で可愛い女の子がレジをしていた。<u>あの子</u>は何年生だろうか。もう彼氏はいるのだろうか。あしたは話しかけてみよう。
>
> 2.（昨日食べたフランス料理の味が忘れなくて、一人でつぶやく）<u>あの</u>料理はうまかったなあ。

〈きまり〉

　独立的話題指示の非共有のア：聞き手がいない「場」の状況において、指示される対象が観念的に存在している話し手の経験的知識や記憶の素材であると想定した場合、それを強く指し示したいとき用いる。この時のアを独立的話題指示の「非共有のア型」と呼ぶ。

〈モデル表現〉

1. A：今朝駅前で事故があったんだ。<u>あの</u>様子じゃ運転手も怪我したんじゃないかな。

   B：あ、そう。

2. （自分の母のことを思い出しながら）日本に来てから考えたら、<u>あんな</u>いいお母さんいなかったと思う。（迫田、1996:8）

3. （新聞に乗っていた自分の友だちのすばらしい評論のことを思い出しながら一人でつぶやく）<u>あいつ</u>はとにかく文章がうまいな。

1. A：バスの中で素敵な人にあったわよ。

   B：ふふん。

   A：（　　）人にもう一度会えないかしら。（『現代日本語コース
   　　中級Ⅱ』、1989:235)

2. 先週神田で火事があった、（　　）火事で学生が二人死んだの
   か。（黒田、1979:54)

3. あんなに練習したのに…
   朝10時頃、早稲だ大学へ行った。発表は11時半からだった
   が、スライドを使うので、それをチェックするために早く
   行ったのだ。(中略)スライドを見せ、例を挙げながら説明し
   ようと思ったのに、ピントが合わない。チェックしたときに
   は問題なかったのに…。ピントを合わせるのに2分もかかっ
   てしまった。レジュメとスライドのことですっかりあがって
   しまい、（　　）に練習したのに、うまく発表できなかった。
   (『ペアで覚えるいろいろな言葉』、1999:46)

4. あの頃はよかったよな…
   女性：あなたの田舎って、たしか北海道よね。
   男性：ああ、北海道はいいよ。自然も豊かで、空気もうまい。
   女性：でも、最近は観光客が多くなって、ごみも増えてき
   　　　たって聞いたけど…。
   男性：そうなんだよ。ぼくが小さい頃は、川なんか本当にき
   　　　れいでね、魚がたくさんいたんだ。（　　）頃はよかった
   　　　よな…。

【モジュール7】非現場指示用法の相対的話題指示Ⅱ(共有ア、非
共有ソ、非共有ア)

1. A：強盗に襲われたときはどんな気持でしたか。
  B：いやー，あの時は、ただもう怖くてね、声も出な
  かったね。
2. A：この本、ミラーという人が書いたそうなんですが、
  どこの人ですか。
  B：君、あの先生を知らないのか？(金水・田窪編、
  1992:172)

〈きまり〉

　相対的話題指示Ⅱの非共有のア：指示される対象が話し手と聞き手の中の話し手の一方的な体験的知識や記憶の素材であると想定した場合、それを丁寧さなしに話し手が言及する時アを用いる。この時のアを相対的話題指示の「非共有のア型」と呼ぶ。

〈モデル表現〉

1. 総務課に山田っていう人がいるから、あの人に聞いてみたら？(迫田、1996：50)
2. ぼくは大阪で山田太郎という先生に教わったんだけど、君もあの先生につくといいよ。(黒田、1979:55)

〈使い方の練習〉

1. 総務課に山田っていう人がいるんだけど、（　　）人、ギターが

上手でね、ときどき小さい喫茶店でコンサートを開くのよ。

(迫田、1996:50)

2. 友だちの話

　　女性A：ちょっと、最近誰かと付き合っているんだって？

　　女性B：そうなの。先月から付き合いはじめたんだけど、

　　　　　　（　　）人ったら、付き合ってまだ一ヶ月も<u>立た</u>ないの

　　　　　　に、もう亭主気取りなのよ。嫌になっちゃう。

　　女性A：…じゃあ、別れれば。

　　女性B：でも、（　　）人、やさしいところもたくさんあるの

　　　　　　よ。

　　女性A：…そりゃ、よかった。

　　女性B：なんか、私に冷たくない？

　　女性A：べつに。

3. つぎの「発展補充の資料文」を見て各々のソとアの用い方に
　　ついて説明しなさい。（共有型アと非共有型ソと単純照応の
　　ソとの混合表現の理解）

① あれって

　　夫：おい、<u>あれ</u>どうした？

　　妻：<u>あれ</u>って、何ですか。

　　夫：<u>あれ</u>だよ。<u>あれ</u>。

　　妻：あ〜あ、<u>あれ</u>なら、引き出しにしまいましたよ。いつも
　　　　出しっぱなしなんだから。

　　子供：…<u>それ</u>って、めがね？それとも、たばこ？

　　妻：めがねでしょ。

　　夫：ああ。

子供：お母さん、すごーい。

妻：お父さんとお母さんは、もう一五年もいっしょにいるか
　　ら、言わなくてもお父さんが考えていることは、ちゃん
　　とわからのよ。あなたも結婚して、何十年もだんなさん
　　と連れ添ったら、その時はお母さんのようになるわよ。

②同期生の景子への話

　来週の日曜日、睦子ちゃんと哲也くんの結納だそうです。聞
いているでしょ？　早いもので、二人が付き合ってからもう
10年になるんですね。あの頃はまさか二人が結婚するなんて
思っても見なかったよね。いつも喧嘩ばかりしていたから。
かたや、私は絶対結婚する！と言われていたのに大学卒業し
て、すぐに別れちゃったもんね。その頃のこと、景子ちゃん
は知らないだろうけど、私、すごく荒れてきたんだよ。
睦子ちゃんが結婚することになって、いよいよ残ったのは私
たち二人だけだね。これから先、いろいろと大変なことがあ
ると思うけど、その時はお互い励まし合って頑張ろうね。

7-2-3　教材の取り扱い方

モジュール教材の取り扱い方として、以下の五つが言える。

【1】基本的に、学習者のレベルに合う学習項目（モジュール）を
　　　自由に選択し、学習者の日本語の能力を考慮して必要な
　　　部分だけを選んで指導する。

【2】各モジュールの「きまり」についての言及はなるべく授業
　　　の中では控え目にするのがよい。言及をするとしても、

単純な形に直して易しく解説するのが望ましい。「きまり」にあまりこだわると、理解を助けるための身近な例文による運用の習得が難しくなる恐れがある。

【3】コソア用法を正しく習得するためには各々のコソアの学習項目の段階別教授-学習が大事であると思う。よって、本来的に学習項目を次のような学習段階別に再構成して全体的な指導計画を立てる必要がある。

① Ⅰ段階(初級前期)：モジュール1〜モジュール2
② Ⅱ段階(初級後期〜中級)：モジュール3〜モジュール6
③ Ⅲ段階(上級以上)：モジュール7

【4】Ⅰ段階では、この教材をそのまま使うのは無理であるので、未習文型・語彙を充分考慮して、適当な部分だけを取り挙げてなるべく簡単明瞭にきまりを理解させる。

【5】Ⅲ段階の相対的話題指示の非共有のアは、Ⅰ・Ⅱ段階の学習項目とは違った独特な用い方ともいえる学習項目なので、必ずⅠ・Ⅱ段階が習得された段階で、上級以上で指導しなければならない。無理にⅢ段階に進むのは避けたほうが良い。

第8章

結　論

　本研究の指向することは、韓国における日本語学習者に対する望ましい指示詞コソア教育とはいかなるものであるべきかを解明することであった。そのために、①現在韓国の大学で行われている指示詞コソア教育の現状を概観し、問題点を探る、②指示詞コソアに関する先行研究をふまえた上で、新たなコソア用法モデルを提示する、③新たに示した「場」の状況別コソア用法と韓国語の「이(i)・그(gue)・저(jeo)」との異同を明らかにする、④学習者の指示詞コソアに関する中間言語の形成の現状を選択肢テストと会話による分析で明らかにする、⑤指示詞コソアの指導法を提示する、という五つを目的として研究を進めた。

　本章では、これらの本研究で明らかになった主要内容について総合的考察を行い、最後に、今後の課題を示す。

8-1　総合的考察

　本研究では、望ましい指示詞コソア指導を目指して、コソア用法に関する理論的研究、習得に関する研究、指導に関する研究の3段階に分けて考察を行った。

　第1段階では、体系的なコソア用法の設定とその指導法が要求されているという韓国におけるコソア教育の現状と、「全体のコソア用法を統一的に説明できるようにする」という先行研究の課題とを踏まえた上で、「指示詞用法の連続性」に基づいた「場」の状況別用法という新たなコソア用法の枠組みを提示した。無論、このような「場」の状況による「指示詞用法の連続性」論理にも問題はあるかもしれないが、他の個別言語より比較的独特な体系で、複

雑な使い分けの規則を持つといわれる指示詞コソア用法を見極めるために、大いに検討すべき試みではないかと思う。そして、韓国語「이(i)・그(gue)・저(jeo)」との比較対照から、類似点も多く観察されるが相違点も少なくないことを明らかにした。

第2段階では、「場」の状況別コソア用法の習得に関しての選択肢テストと会話による調査分析を行い、学習者のコソアの習得状況を明らかにした。その結果、①会話では対話という言語行動上指示詞の一部の用法しか出現しない傾向が強い、②両調査共に下位グループや中位グループではソを使用する割合が高いが、選択肢テストではア-3やア-4の代わりにソを使う誤用が多いのに対し、会話ではソの誤用が少ない、③両調査共に上位グループではアを使用する割合が増加すると同時に、ソを用いるべきところをアにする誤用現象も増えている、という論点が明らかになった。

第3段階では、「場」の状況別コソア用法と習得状況に基づいて指導方針を決め、習得が困難とされる「ソとアの使い分け」と「コの使い分け」とを指導の観点により検討した後、コソア用法の段階的指導法を提示した。その後、コソア用法の教授-学習の手助けを目的として「モジュール型教材による指導」も示した。その結果、学習レベル別七つの学習項目の段階的な取り扱い、ソとアの使い分けに関連した相対的話題指示と単純照応指示の区分、非共有のソと非共有のアと共有のアの相互性に関連した相対的話題指示の2種類の指導、対称のソと比較される中称のソの用い方を中心とした相対的現場指示の融合型の2ステップの指導等が重要であることを明らかにした。

本研究の意義を三つに大別すれば、①「指示詞用法の連続性」に基づく「場」の状況別コソア用法モデルの提示によって、一つの概念規定では到底考えられない、コソア用法の統一的説明がある程度可能になっていること、②ソとアの使い分けと、コが用いられる範囲とを明らかにした上で、指導の内容と方法を明確にしたこと、③選択肢テストと会話による習得調査分析等によってコソアの段階的指導法を完成することができたこと、であると考える。

8-2　今後の課題

　以下、残された問題点を指摘し、それに関する知見を述べ、今後の課題にする。

【1】コソア用法を統一的に説明できる全体的なパラダイムを明確にしなければならないという問題である。本研究を通じて、日本人の指示詞コソアの運用は本質的機能である言語のきまり(語彙的特色)とコミュニケーション成立に関する制約の社会的側面(主に聞き手との関係)によって行われることが分かる。この社会的側面に関してはいろいろな言及があるが、談話管理理論的な立場での構造化が求められているようである。聞き手の存在、ウチとソトとの関係、勢力の関係、指示対象に対する知識・経験の有無、フォーマルな状況とインフォーマルな状況、敬語行動と係わる上下・親疎関係による相互作用などの諸要素の構造化によって、指示詞選択のパラダイムがより明確になるのではないかと思う。

【2】コソアの中間言語の形成過程の解明に関する問題である。

　本研究では韓国国内の日本語学習者を対象にしてコソアの習得の現状を調べてみたが、限定されている調査であると言わざるを得ない。同じ韓国人日本語学習者であっても、学習の場が日本である場合と韓国である場合の習得上の相違は見られないのか。そして、そこから一般化することができる中間言語の形成の仕組みはどうなのかについて検討しなければならないであろう。

【3】　ソをアにしてしまう「退行ではない退行現象」を始めとするソとアの使い分けに関する問題である。果たして外国人日本語学習者一般の普遍的現象であるかどうか、もしそうであるならば、それはなぜか。さらに、外国人学習者一般に対する、韓国人学習者の中間言語の形成を再証明しなければならないと思う。

【4】　コの使い分けとその指導の全体構図把握の問題である。第6章ではコの使い方の類別の論理性と客観性を保つために200の用例を収集・作成し、「場」の状況別コソア用法に基づいて分類、5人のネイティブスピーカの自然度・許容度検査を経て分析を行った。しかし、すべてのコの用い方を網羅しているとは言い難い。たとえば、文の種類によってコの現れ方が違ってくることも予想されるし、自分または相手の発話について用いるのか、一続きの叙述の中の事柄を指すのか、完了した事柄を指すのか、改まり表現か砕けた表現なのか、後続要素は何か、話題に対する親疎の度合いはどうか等によっても違いがあろうと考える。今後、これらを踏まえて、コの使い分けとその指導の全体構図の把握に迫り

たい。

【5】本研究で示した指導法を以って、実際の指導の効果を検証
する問題である。今後、教室指導の効果に関する実験教育
を行って指導法の効果を確かめる必要がある。実施の可能
性としては、取り敢えず横断的研究として、日本語能力の
レベルが均等になるような2クラスを定め、指導法を与える
クラス(実験クラス)と用いないクラスのコソア用法の習得状
況を選択肢テストとOPIによる会話調査で検証するつもりで
ある。

　以上の五点を今後の課題にして、指示詞コソアの指導の研究を
さらに続けていきたい。

参考文献

◆ 相原林司(1987)「接続語句と文章の展開」『日本語学』6-9、明治書院、
pp.37-45

◆ 安藤貞雄(1986)『英語の論理・日本語の論理』大修館書店

◆ 安龍洙(1996)「韓国人学習者の指示詞「コ・ソ・ア」の習得における母語の影
響について-非現場指示の場合-」『日本語学科論集』第6号、東北大学文学部
日本語学科pp.1-12

◆ 安龍洙(1998)「韓国人学習者の非現場指示の「コ・ソ・ア」の習得過程研究」
『文化』第62巻第1・2号、東北大学文学会、pp.123-112

◆ 安龍洙(2001)「韓・中日本語学習者の指示詞の使用に関する一考察-コ系・
ソ系・ア系のすべてが使用可能な場合-」『文化』第65巻、pp.78-98

◆ 安龍洙(2002)「韓・中日本語学習者の非現場指示の使い分けに関する研究-
複数使用可能な指示詞のソ系とア件を中心に-」『日本語教育論集』18号、
国立国語研究所、pp.1-16

◆ 安龍洙(2004)「韓・中日本語学習者の指示詞の使い分けに関する一考察-「単
純照応指示」のコ系とソ系の使用をめぐって-」『茨城大学留学生センター
紀要』第2巻、茨城大学留学生センターpp.35-48

◆ 安龍洙(2005)「日本語学習者の非現場指示コソアの習得に関する研究-韓国
人学習者と中国人学習者を比較して」『茨城大学留学生センター紀要』第3
巻、茨城大学留学生センターpp.35-51

◆ 井手至(1952)「文脈指示語と文章」『国語国文』21巻8号、(京都大学文学部国
語国文学研究室)、pp.1-22

◆ 井手至(1959)「代名詞」『続日本文法講座1文法各論編』明治書院、pp.2-13

◆ 今井四郎(1978)「指示代名詞の指示機能について」『北海道大学人文科学論
集』第15号、pp.1-16

◆ 今井新悟(1995)「日本語の指示詞の特徴」『日本語学』14-7、明治書院、
pp.61-70

◆ 庵功雄(1995)「コノとソノ」『日本語類義表現の文法(下)』くろしお出版、
pp.619-631

◆ 庵功雄(2002)「「この」と「その」の文脈指示用法再考」『一橋大学留学生セン
ター紀要』5、一橋大学留学生センター、pp.5-16

◆ 上野田鶴子他(1984)『日本語と外国語の照応現象に関する研究』国立国語研

究所研究報告集79

◆ 梅田博之(1982)「朝鮮語の指示詞」『講座日本語学12外国語との対照Ⅲ』明治
書院、pp.173-184

◆ 遠藤めぐみ(1988)「日本語の指示詞コ・ソ・アの使い分けに関する言語心理
学的研究」『東京大学教育学紀要』第28巻、pp.285-294

◆ 岡部寛(1995)「コンナ類とコウイウ類」『日本語類義表現の文法(下)』くろし
お出版pp.638-644

◆ 奥田邦男他(1992)『日本語教育学』福村書店

◆ 影山太郎(1987)「語彙の比較とプロトタイプ」『日本語学』6-10、明治書院、
pp.4-12

◆ 加藤重広(2004)『シリーズ・日本語のしくみを探る⑥　日本語語用論のしく
み』研究社

◆ 奏政治郎(1893)『皇国文典』目黒書房

◆ 金井勇人(2006)「指示語「そちら」「そっち」の相違点について－人称指示を
事例に－」『日本語教育』129号、日本語教育学会、pp.21-30

◆ 金井勇人(2007)「聞き手を指す「そちら」と「そこ」について」『日本語教育』
134号、日本語教育学会、pp.110-119

◆ 金田章宏(1987)「指示代名詞の体系と用法」『国文学解釈と鑑賞』52巻2号、
pp.103-111

◆ 神尾昭雄(1990)『情報のなわ張り理論』大修館書店

◆ 上垣康与(1996)「日本語学習者の指示詞使用-文脈指示のコ・ソ・アの選択-」
『九大留学生センター紀要』第8号、九州大学、pp.27-40

◆ 上村隆一(2006)「特異な指示詞「あれ」再考」『小泉保博士傘寿記念論文集言
外と言内の交流分野』大学書林、pp.87-96

◆ 姜鎮文(1997)『日韓両言語における指示語の対照研究』博士学位論文、立正
大学文学研究科

◆ 北條淳子(1996)「日本語教育における指示詞の問題」『日本語と日本語教育』
第31分冊、早稲田大学日本語研究教育センター、pp.33-54

◆ 木村秀樹(1983)「『こんな』と『この』の文脈照応ついて」『日本語学』2-11、明
治書院pp.71-83

◆ 金善美(2006)『韓国語と日本語の指示詞の直示用法と非直示用法』風間書房

◆ 金淑子(1992)「日本語の指示詞について」『황윤주교수하성기교수華甲記念論
文集』pp.133-152

◆ 金水敏(1987)「コ・ソ・ア」『ケーススタディ日本文法』桜楓社、pp.62-67

◆ 金水敏(1988a)「日本語における心的空間と名詞句の指示について」『女子大文学(国文学篇)』39(大阪女子大学国文学科)

◆ 金水敏(1988b)「話し手・聴き手」と「遠・近」、『日本語教育の現代的課題』津田塾40周年記念日本語国際シンポジウム予稿集、pp.123-132

◆ 金水敏他(1989)『日本語文法セルフ・マスタ-シリ-ズ4指示詞』くろしお出版

◆ 金水敏(1989)「代名詞と人称」『講座日本語と日本語教育第四巻日本語の文法・文体(上)』明治書院、pp.98-116

◆ 金水敏(1990a)「指示詞と談話の構造」『言語』19-4、大修館書店、pp.60-67

◆ 金水敏(1990b)「方向と選択-コチラ類の指示詞-」『日本語学』9-3、明治書院、pp.20-30

◆ 金水敏・田窪行則(1990)「談話管理理論からみた日本語の指示詞」『認知科学の発展』第3巻、(日本認知科学会)講談社、pp.85-117

◆ 金水敏田窪行則編(1992)『指示詞』ひつじ書房

◆ 金水敏(1999)「日本語の指示詞における直視用法と非直視用法の関係について」『自然言語処理』6-4、言語処理学会、pp.67-91

◆ 金水敏・岡崎友子・曺美庚(2002)「指示詞の歴史的・対象言語学的研究-日本語・韓国語・トルコ語-」『シリーズ言語科学4対照言語学』東京大学出版会、pp.217-247

◆ 久野暲(1973)『日本文法研究』大修館書店

◆ 黒田成幸(1979)「(コ)・ソ・アについて」『林栄一教授還暦記念論文集・英語と日本語と』くろしお出版、pp.41-59、

◆ 小泉保(1986)「話し手の視点と日本語のコソア」『言語』15-5、 pp.62-63

◆ 高麗雅(1986)「指示語「コ・ソ・ア」についての一考察」『日本語教育』60号、日本語教育学会、pp.221-227

◆ 小林由紀(2005)「指示語の表現性－文章中の「あの」を中心に-」中村明他編(2005)『表現と文体』、明治書院、pp.152-159

◆ 小林由紀(2006)「文章中の現場指示的な指示語の用法について-随筆中の「この」を中心に-」『早稲田日本語研究』15号、早稲田大学日本語学会、pp.1-12

◆ 近藤泰弘(1986)「日本語の人称の性格について」『日本女子大学紀要、文学部』36号、pp.45-51

◆ 酒井たか子(1986)「コソア用法の研究－根本原則のキャンセル条件－」『筑

波大学留学生教育センター日本語論集』第2号、筑波大学留学生教育セン
ターpp.57-65
◆ 阪田雪子(1971)「指示語『コ・ソ・ア』の機能について」『東京外国語大学論集』
21号、東京外国語大学、pp.125-138
◆ 坂原茂(1996)「英語と日本語の名詞語句限定表現の対応関係」『認知科学』3-
3、日本認知科学会、(『認知言語学の発展』(2000)坂原茂編、ひつじ書房に
再録)
◆ 佐久間鼎(1936)『現代日本語の表現と語法』厚生閣
◆ 佐久間鼎(1951)『現代日本語の表現と語法(改訂版)』厚生閣、
◆ 佐久間鼎(1962)「コソアドの生いたち」『文学論藻』23号、東洋大学文学部紀
要国文学編、pp.1-12
◆ 迫田久美子(1993a)「話し言葉におけるコ・ソ・アの中間言語研究」『日本語
教育』81号、日本語教育学会、pp.67-81
◆ 迫田久美子(1993b)「日本人学習者と日本人児童による指示詞コ・ソ・アの
習得研究-穴埋めテストの調査結果に基づいて-」『広島大学教育学部紀要』
第二部42号、広島大学教育学部、pp.191-206
◆ 迫田久美子(1993c)「コミュニケ-ションにおける「あれ」の用法と機能」日本
語教育学会第8回研究発表会口頭発表
◆ 迫田久美子(1996a)『日本語学習者における指示詞コ・ソ・アの中間言語に
関する研究』博士学位論文、広島大学大学院教育学研究科
◆ 迫田久美子(1996b)「日本語の指示詞ソとアの使い分けに係わる聴き手配慮
について」『細田和雅先生退官記念論文集日本語の教育と研究』渓水社、
pp.39-52
◆ 迫田久美子(1996c)「指示詞コ・ソ・アに関する中間言語の形成過程」『日本語
教育』89号、日本語教育学会、pp.64-75
◆ 迫田久美子(1997)「中国語話者における指示詞コ・ソ・アの言語転移」『広島
大学日本語教育学科紀要』7号、広島大学教育学部日本語教育学科、
pp.63-72
◆ 迫田久美子(1998)『中間言語研究-日本語学習者による指示詞コ・ソ・アの習
得-』渓水社
◆ 迫田久美子他(2001)『日本語学習者の文法習得』大修館書店、pp.25-43
◆ 迫田久美子(2002)『日本語教育に生かす第二言語習得研究』アルク
◆ 佐竹久仁子(1980)「指示詞『それ』省略の可否について」『語文』37(大阪大学

国文学研究室)

◆ 島守玲子(1991)「指示詞の論理」『世界の日本語教育』1、国立国語研究所、pp.39-54

◆ 清水功(1977)「事物話材語(いわゆる指示語)の複合用法について」『椙山女学院大学研究論集』8-2

◆ 正保勇(1981)「『コソア』の体系」『日本語の指示詞』日本語教育指導参考書8、国立国語研究所、pp.51-122

◆ 申恵璟(1985a)「韓国語の指示詞i,Ku,choと日本語の指示詞コ、ソ、ア」『Sophia Linguistica』18号、上智大学、pp.102-112

◆ 申恵璟(1985b)「第二言語としての日本語習得における『コ・ソ・ア』の問題」『言語の世界』2巻2号、pp.97-111

◆ 宋晩翼(1989)「指示語『コ・ソ・ア』の用法について-プロトタイプ論的な見方からの試案-」『広島大学大学院教育学研究科博士課程論文集』15巻、pp.133-139

◆ 宋晩翼(1990)「日・韓指示語の対照研究(一)-コ・ソ・ア」と「이・ユ・저」との現場指示用法について-」『教育学研究紀要第二部』35巻(中国四国教育学会)、pp.142-147

◆ 宋晩翼(1990)「日・韓指示語の対照研究(二)-非現場指示及び「語形」について-」『教育学研究科博士課程論文集』第16号、広島大学、pp.166-122

◆ 宋晩翼(1991)「日本語教育のための日韓指示詞の対照研究」『日本語教育』75号、日本語教育学会、pp.136-152

◆ 宋晩翼(1997)「非現場指示のソとアの使い分けについて」『日本文化学報』第4輯、韓国日本文化学会、pp.137-154

◆ 宋晩翼(2000)「コの文法性を中心としたコソアに関する研究」『日本語学研究』第2輯、韓国日本語学会、pp.143-155

◆ 宋晩翼(2002)「韓国人日本語学習者の指示詞コソアの習得研究 -設問紙テストの調査結果に基づいて-」『日本文化学報』第13輯、韓国日本文化学会、pp.7-25

◆ 宋晩翼他(2004)「指示詞コソアの指導の状況と運用能力調査—韓国における日本語学習者を対象にして−」『日本文化学報』第21輯、韓国日本文化学会、pp.75-86

◆ 宋晩翼(2007)「韓国における日本語教育の現状と課題—学校教育の在り方を中心に−」『日本文化学報』第35輯、韓国日本文化学会、pp.35-51

◆ 高橋太郎(1956)「『場面』と『場』」『国語国文』25-9(京都大学文学部国語国文学研究室)、pp.38-46(金水敏・田窪行則編(1992)『指示詞』再収録)

◆ 高橋四郎(1982)「指示語の史的展開」『講座日本語学』2、明治書院

◆ 高橋太郎・鈴木美都代(1982)「コ・ソ・アの指示領域について」『研究報告集』3(国立国語研究所報告集71)、pp.1-44

◆ 田窪行則(1987)「誤用分析1」『日本語学』6-4、明治書院、pp.104-107

◆ 田窪行則(1990)「対話における聞き手領域の役割について」『認知科学の発展』vol 3、講談社

◆ 田窪行則・金水敏(1996)「複数の心的領域による談話管理」『認知科学』3-3、日本認知科学会、pp.59-74

◆ 建石始(2005)「談話的機能の観点から見た後方照応」『日本語教育』124号、日本語教育学会、pp.33-42

◆ 田中望(1981)「『コソア』をめぐる諸問題」『日本語の指示詞』日本語教育指導参考書8、国立国語研究所、pp.1-50

◆ 多和田眞一郎(1991)「日本語と沖縄語と韓国語の対照-する-」『日本語論考』桜楓社pp.233-250

◆ 堤良一(2002)「指示詞モデルからみたア系列指示詞－モデルによる指示詞の包括的説明に向けて-」『岡山大学文学部紀要』38、岡山大学文学部、pp127－138

◆ 堤良一(2005)「文脈指示における指示詞－コ系指示詞の機能を中心に-」『岡山大学文学部紀要』43、岡山大学文学部、pp41－52

◆ 寺村秀夫他(1987)『ケーススタディ日本文法』桜風社

◆ 東郷雄二(2000)「談話モデルと日本語の指示詞コ・ソ・ア」『京都大学総合人間学部紀要』7、京都大学、pp.27-46

◆ 中村祐理子(1994)「コソアドの移りかわり」『解釈と鑑賞』第59巻7号、至文堂、pp.50-59

◆ 新村朋美(1992)「指示詞の習得－日英語の指示詞の習得の対照研究」『早稲田大学日本語研究教育センター紀要』第4巻、早稲田大学日本語研究教育センター、pp.36-59

◆ 縫部義憲(1991)『日本語教育学入門』創拓社

◆ 縫部義憲他(2002)『多文化共生時代の日本語教育-日本語の効果的な教え方・学び方-』歴々社

◆ 服部四郎(1961)「『コレ』『ソレ』とthis, that」『英語青年』、pp.107-108

◆ 服部四郎(1968)「コレ・ソレ・アレとthis, that」『英語基礎語彙の研究』三省堂

◆ 林四郎(1972)「指示連体詞「この」「その」の働きと前後関係」『電子計算機による国語研究Ⅳ、国立国語研究所』、秀英出版、pp.110-131

◆ 福原みどり(1988)「コノひと、ソノ人、アノ人、彼、彼女」『日本語教育』66号、日本語教育学会、pp.229-239

◆ 馬場俊臣(1988)「要約文の指示語使用の特徴」『文章構造と要約文の諸相』日本語研究叢書4、くろしお出版

◆ 馬場俊臣(1992)「指示語の文脈展開機能」『日本語学』11-4、明治書院、pp.33-40

◆ 春木仁考(1991)「指示対象の性格から見た日本語の指示詞-アノを中心に-」『言語文化研究』17号(大阪大学言語文化部)

◆ 韓美卿(1992)「韓国・朝鮮語話者への教育」『ケーススタディ日本語教育』東京三省堂、pp.208-219

◆ 匹田軍次(1981)「指示詞コ・ソ・アについて」『言語』1981年12月、pp.84-94

◆ ひけひろし(1986)「接続詞『そこで』『それで』」『教育国語』86号

◆ 日向茂夫・日比谷潤子(1988)『談話の構造』東京荒竹出版

◆ 古田同朔(1980)「コソアド研究の流れ(一)」『人文科学科紀要』71、東京大学教養学部人文科学科、pp.119-156

◆ 古田同朔(1987)「コソアド研究の流れ(二)」『人文科学紀要』85、東京大学教養学部人文科学科、pp.1-26

◆ 裴德姫(1998)「韓国人日本語学習者を対象とした日本語指示表現の指導に関する研究」『인문과학연구』第7集、祥明大学校　人文科学研究所、pp.1-20

◆ 堀口和吉(1978a)「指示語『コ・ソ・ア』考」『論集日本文学日本語5現代』角川書店、pp.137-158

◆ 堀口和吉(1978b)「指示語の表現性」『日本語・日本文化』8号、大阪外国語大学、pp.23-44

◆ 堀口和吉(1990)「指示語『コ・ソ・ア』の表現」『日本語学』9-3、明治書院、pp.59-70

◆ 前田佳奈(2005)「文脈指示の「コ」「ソ」の選択要因-強調のソの使用動機-」『国文目白』44、日本女子大学国語国文学会、pp.111-119

◆ 松下大三郎(1901)『日本俗語文典』誠之堂書店

◆ 松下大三郎(1928)『改撰標準日本文法』中文館書店(改訂版)

◆ 松原純一(1967)「ソンナとソウの文脈指示の内容-昭和四十一年度東京大学国語国文学会研究発表会発表要旨-」『国語と国文学』44-1

◆ 三上章(1955)『現代語法新設』刀江書院(1972くろしお出版より復刊)

◆ 見沢めぐみ(1986)「幼児におけるあいまいな指示詞の解釈」『東京大学教育学紀要』第26巻pp.245-250

◆ 守屋三千代(1992a)「日本語教育における文法教育の課題－習得状況から見た指示教育の問題点」『日本語日本文学』2、創価大学

◆ 守屋三千代(1992b)「指示語と視点」『日本語学』11－8、明治書院、pp.44-56

◆ 森山卓郎(2003)『ここから始まる日本語文法』ひつじ書房

◆ 八木真生(2006)「「それは」/「これは」を伴う決まり文句の意味機能」『日本語教育』130号、日本語教育学会、pp.130-139

◆ 湯川幸吉郎(1931)『解説日本文法』大岡山書店

◆ 吉田佐治子(1988)「指示詞コ・ソ・アの心理的距離に関する研究」『読書科学』32巻2号、pp.90-98

◆ 吉本啓(1992)「日本語の指示詞コ・ソ・アの体系」金水敏田窪行則編(1992)『日本語研究資料集指示詞』ひつじ書房、pp.105-122(初出 ″On Demonstratives KO/SO/A in Japanese ″(1986)『言語研究』90、日本言語学会)

◆ 柳済櫂(1984)「韓日語指示詞に関する対照研究」『誠信研究論文集』第20輯、誠信女子大学校、pp.1-30

◆ 李長波(2002)『日本語指示体系の歴史』京都大学学術出版会

-韓国語文献-

◆ 姜桂千(1992)「韓・日両国語의 指示語対照比較」『日語教育』8号、大韓日語教育学会、pp.45-74

◆ 姜桂千(1995)「韓日両指示詞의 慣用表現語順考察」『日語教育』11号、大韓日語教育学会、pp.3-19

◆ 張京姫(1980)「지시어 이·그·저의 의미분석」『語学研究』(韓国) 第16巻二号、pp.102-112,

◆ 김일웅(1982)「지시의 분류와 지시사 ‘이, 그, 저’의 쓰임」『한글』제178호、한글학회、pp.53-87

◆ 朴英煥(1991)『指示語의 意味機能』韓南大学校出版部

◆ 宋晩翼(1993)「コ・ソ・ア의 의미영역과 중간언어구조에 관한 고찰」『대전산업대학교논문집』10-1、pp.611-625

◆ 宋晩翼(1999)「한국인학습자에 대한 비현장지시 ソ와 ア의 지도」『日本語文学』第7輯、日本語文学会、pp.111-128

◆ 宋晩翼他(2004)『일본학의 지평』형설출판사

-英文-

Hayashi、B.、& Niimura、T.(1994) English and Japanese Demonstratives：
AContrastive Study of Second Language Aquisition. Issues in AppliedLinguistics
5/2、pp.327-351.

-用例出典-

◆ 村上春樹(1997)『風の歌を聴け』新潮社
◆ 中根千枝(1972)『適応の条件』講談社
◆ NHKニュース、現代結婚情報
◆ NHKニュース、ファミリーハウス
◆ ビデオ：となりのトトロ(1993)
◆ 教科書：
　-現代日本語コース中級Ⅱ(1989)名古屋大学出版会
　-文化初級日本語Ⅰ(1991)文化外国語専門学校、凡人社
　-文化初級日本語Ⅱ(1991)文化外国語専門学校、凡人社
　-文化初級日本語練習問題集(1991)文化外国語専門学校、凡人社
　-日本語表現文型200(2000)アルク
　-日本語会話1(1994)일본어뱅크
　-みんなの日本語(1999)시사일본어사(スリーエーネットワーク)
　-日本語初中級(1997)名古屋YWCA教材作成グループ、スリーエーネット
　　ワーク
　-日本語購読(1992)鄭昌鎬、蛍雪出版社
　-현대일본어연구Ⅰ(1995)인하대학교 일어일본학과、不二出版社
　-日本語中級J301(1997)시사일본어사(スリーエーネットワーク)
　-現代日本語(1993)黄虎哲、不二出版社
　-大学日本語(1993)朴正義、蛍雪出版社
　-大学教養日本語(1993)孫大俊他、蛍雪出版社
　-なめらかの日本語会話(1997)アルク
　-ペアで覚えるいろいろな言葉(1998)アルク
　-日本語表現文型200(2001)　アルク
　-実践にほんごの作文(1987)　凡人社

資料一覧

【資料 1】韓国の大学で教えている13人の日本語教師のコソアの指導法

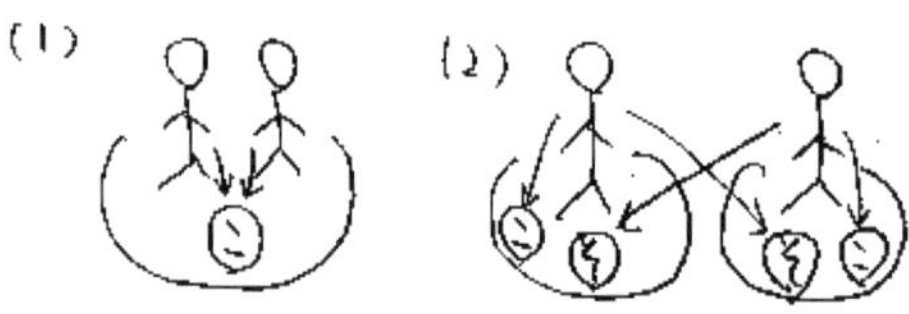

Ⅲ　先生はコソアの意味用法を韓国人学習者にどのように教えていますか。なるべく具体的に答えていただきたいんです。

　　「これは何ですか」を教える時には、下のような図を書いて教えます。
（続）

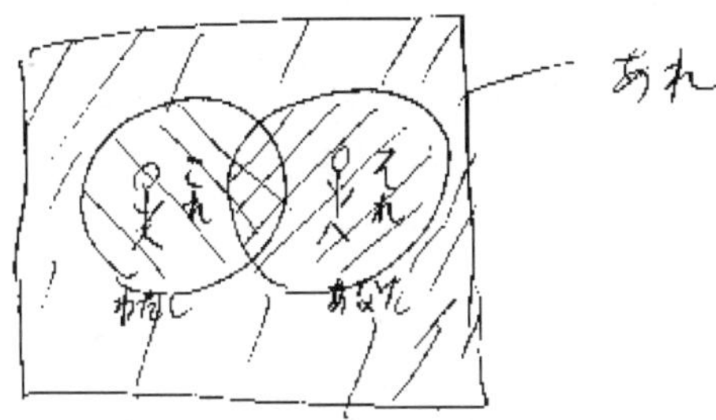

　　そして、「これ」と「それ」が重なる部分については、どちらでもいいと教えます。

　　また、1)—　5)のような説明が難しい文章については、私の能力では説明すると、かえって混乱するので、韓国語に訳させます。そして、韓国語訳と日本語訳が一致した場合（1)なら「あの様子」が「저 모양」になった場合）は、「韓国語でも『저』ですから、日本語でも『あの』になります」と教えます。

　　もし、韓国語訳と日本語訳が一致しなかった場合（1)なら「あの様子」が「그 모양」になった場合）は、「韓国語では『그』ですが日本語では『あの』になります。注意しましょう。でも、だんだん使っているうちに慣れてきますから大丈夫ですよ」と言います。

― ご協力ありがとうございました。―

Ⅲ　先生はコソアの意味用法を韓国人学習者にどのように教えていますか。なるべく具体的に
　　答えていただきたいんです。

初級：領域の概念を中心に。

中級：共有・非共有の概念にも触れるが、
　　　これは、自分の「領域」か、そうでないかということで
　　　（だけ）
　　　初級で勉強したものと重なる。（と私は
　　　考えているので）ようにしています

上級：上級で、こそあどにはあまりふれていないのですが、
　　　回想等も、たぶん「領域」ということと
　　　関連付けて教えた（あるいは教える）と
　　　思います

※ たぶん、使えない回答だと思います。すみません。
　先生の論文を読ませていただく前に、お答え
　したら、もっと違ったものになったと思います

先生 4

Ⅲ　先生はコソアの意味用法を韓国人学習者にどのように教えていますか。なるべく具体的に答えていただきたいんです。

現在、目にしているものやんに 対しては この人、こんなもの、こんな時など「コ」を 使います。
又、自分だけが 知っている事やん、ものに 対しては「ソ」、両方とも 知っていたり、みんなが 知っていると 思われる ほどの 有名な 事柄やん物に 対しては「ア」を 使うというのが 一般的な 説明となるでしょう。
ただし、両方とも 知っていて、あまり 時が 経っていないものごとや事故などを 話す 場合や 仮定をする 上での 話しなどでは「ア」「ソ」をまぜって 使ったり、昔の事やんのことを 話す時には「ア」を 使ったりと、必ずしも そうだとは 言えないと 思います。

ご協力ありがとうございました。

その5.

「文脈指示」に関していいへますと、
（ソ、ア）

相手の（持っている）情報は「ソ」
共有している情報は　「ア」という原則を
確認します。

しかし、今回の例文を拝見しまして、
そのように単純なものではないということを
知りました。

不充分な答えで　どうも　すみません。

ー　ご協力ありがとうございました。　ー

Ⅲ　先生はコソアの意味用法を韓国人学習者にどのように教えていますか。なるべく具体的に答えていただきたいんです。

コソアの指導は本当に難しく まぎらわしいものの一つだと思います。特に韓国では「ユ」という概念が 日本語の「その」「あの」に相当するので、特にその2つの使いわけが難しいですね。上級レベルになって ペラペラしゃべれる子でも、こつまちがいを起こしがちです。私自身、効果的な方法というのはよくわかりませんが、教科書で コソアが出てきた時に、念入りに教えるようにしています。今年は、2年生の会話の授業(1学期)に "Bunka Japanese 2" を用いましたが、その28課で、「その」「あの」の使いわけがでてきます。その時は、テキストにある例文以外の例文を多く準備して、「その」「あの」が使われる場合をくり返し説明しました。その学生が、今 完全に使いわけできるわけではありませんが、概念としては理解できたようです。

― ご協力ありがとうございました。―

Ⅲ　先生はコソアの意味用法を韓国人学習者にどのように教えていますか。なるべく具体的に
答えていただきたいんです。

Ⅲ

当然のことではありますが、学習者のレベルによって異なると思います。

＜初級レベル（こそあを導入する段階）の場合＞
　　現場指示の用法のみを導入します。まず、ある固定されたものを用い、それを指示
する場合、距離によって「こ」系、「そ」系、「あ」系を使い分けることを理解しても
らいます。
　　次に、領域について導入します。話し手と聞き手の関係において、領域対立型（「こ」
―「そ」）と領域共有型（「こ」―「あ」）があることを理解してもらいます。
　　※学習者の母語が韓国語のみに統一されている場合は、韓国語に置き換えて確認す
　　　ると理解しやすいと思います。
　　学習者にかなり余裕があるようならば、物理的な距離より、心理的な距離によって
指示詞が決まるということも加えます（物理的には自分の近くにあっても、心理的に
聞き手の領域にある場合には「そ」を使う…など、例を提示して）。

＜初級を越えている場合＞
　　文脈指示の用法を説明します。私は文法の時間を担当したことがないので、実際に
は、全てを説明したことはありません。私の場合、会話等で出てきた用法について、
簡単な説明を加えるという程度のものです。説明としましては、先生のアンケートに
書きましたような、ごく簡単なものです。

　　　　　　　　　　　　　　　　　　－　ご協力ありがとうございました。　－

Ⅲ　先生はコソアの意味用法を韓国人学習者にどのように教えていますか。なるべく具体的に
　　答えていただきたいんです。

縄張り的観点から教えています。

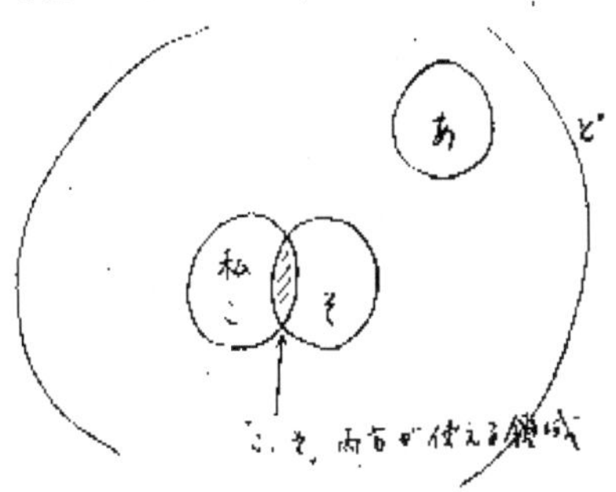

私が所有（例えば持っている）ならば「こ」

相手側所有　ならば「そ」

私の中間的位置なら「こ、そ」の使用が許される

私、相手から距離的に離れている場合「あ」

ただし「あ」の使い方は特殊でお互いが知っている
内容であれば「あ」となる。韓国語と一致しない
部分であるので注意し説明する

字が乱筆で申しわけありません。

　　　　　　　　　— ご協力ありがとうございました。…

III　先生はコソアの意味用法を韓国人学習者にどのように教えていますか。なるべく具体的に
　　答えていただきたいんです。

現存する物においては、実際の距離の遠近によって使用方法が違う、ということがまずひとつ。

そしてそれは、ある人物（主体）と物との位置関係、あるいは話題になっている物と主人物間の距離によって異なってくるということを説明します。
（話し手と聞き手）

そこが現在
そこに基点を置いた時の

すなわち、話し手も手元に近ければ「コレ」「コノ」「ココ」、距離が遠ざかるに従って「ソレ」「ソノ」「ソコ」、「アレ」「アノ」「アソコ」となる、とまずひととおり教えます。

もうひとつ、心理的な面での距離による使い分けも問題になってきます。まず、話し手があるモノ（コト）について、自分自身のなかで、どのような場所に位置づけているか、ということ。そして聞き手がいる場合、あるモノ（コト）に関する情報を聞き手に対してどの程度 ~~共有することによって~~ その後の話題のなかでさらにどの程度 開示し、共有していくかによって異なってくる、ということを説明します。
という意図

具体的という指示に反した解答になってしまい、申しわけございません。
― ご協力ありがとうございました。 ―

Ⅲ　先生はコソアの意味用法を韓国人学習者にどのように教えていますか。なるべく具体的に
　　答えていただきたいんです。

一通りの文法を学んだ学生を対象に　会話の授業を
しています。
ですから　特別に詳しいコソアの意味用法を教えてはいません。
間違った使い方をした時に直してあげたり、簡単に説明する
程度です。

― ご協力ありがとうございました。 ―

Ⅲ　先生はコソアの意味用法を韓国人学習者にどのように教えていますか，なるべく具体的に
答えていただきたいんです。

コソア의 體를 우선은 한국어와 대응시켜서
이, 그, 저 로 학습시킨 후에
「ア」에 대해서는 한국어의 「저」로 나오지 않는 성우도
학습시킨다.
「ア」의 경우에 대하여 두사람이 알고 있는 사물이나
경우를 지칭할 때는 한국어의 「그것」에 해당하는 것은
「アノ」가 된다

Ⅲ　先生はコソアの意味用法を韓国人学習者にどのように教えていますか。なるべく具体的に
　　答えていただきたいんです。

〈あの〉の場合
今より前のある時を　表すが
お互いに知っている事、物、人、時などをさす。

〈その〉は
すぐ前に言ったことを　さして　使う。

[1]　先生はコソアの指示用法を韓国人学習者にどのように教えていますか。なるべく具体的に答えていただきたいんです。

コ……近い　机

ソ……中間

ア……遠い

**【資料 2】 コソア用法の習得状況を調査するため学習者に書いても
　　　　らった選択肢テスト用紙**

(1) 地の文が日本語の選択肢テスト用紙

Ⅰ.

　　1. 性別：男・女

　　2. 学年：1・2・3・4学年

　　3. 日本語学習歴(　)年 (　)ヶ月

Ⅱ.

韓国語-다음 (　)속의 둘 혹은 셋 중, 맞다고 생각되는 하나를 골라 주
　　　십시오.(맞다고 생각되는 것이 둘인 경우에는 둘 다 골라도 좋
　　　습니다.)

日本語-次の(　)の中の三つ或いは二つのうち、正しいと思われ
　　　る一つを選んでください。（正しいと思われるのが二つ
　　　ある場合、二つを選んでも結構です。）

1. (玄関の前にある小さい箱を触りながら一人でつぶやく。) (こ
　　れ、それ、あれ)は何だ？

2. (道を尋ねるとき)ちょっとおたずねしますが、(ここ、そこ、
　　あそこ)から駅まで遠いですか。

3. (遠い空を飛んでいる飛行機を指さしながら)
　　子：(これ、それ、あれ)が飛行機なの？
　　母：そうよ、(これ、それ、あれ)が飛行機だよ。

4. A：お出掛けですか。

   B：はい、ちょっと(ここ、そこ、あそこ)まで。

5. A：写真を撮りますからそこにいてください。

   B：はい、(ここ、そこ、あそこ)でいいですか。

6. A：もしもし、今東京駅にいますが、雨が降ってきたので、
      傘を持ってここまで迎えに来てください。

   B：わかりました。あと10分ぐらいしたら、(ここ、そこ、あ
      そこ)に着くと思います。

7. (水泳場の向うに立っている女の子を見つめながら一人でつ
   ぶやく。)(この、その、あの)子はどこかで会ったなあ。

8. (朝目が覚めるとまた目がおかしい。思いは自ずから白内障
   に向かって一人でつぶやく。)一体(これ、それ、あれ)はいつ
   まで続くのだろう。

9. 私の中学時代、英語がすごく下手な人がいたんですが、(そ
   の、あの)人が今度英語の本を出したんです。

10. (日記에서)きのう生協で可愛い女の子がレジをしていた。
    (その、あの)子は何年生だろうか。もう彼氏はいるのだろ
    うか。あしたは話しかけてみよう。

11. A：私が鈴子と離れたのはもう5年前ですよ。

    B：うん、そうね、(この、その、あの)頃はみんな若かった
       ねえ。

12. (これ、それ、あれ)はだれにも言わないでほしいですが、
    私は実は猫が怖いです。

13. (精密検査の結果、結局胃潰瘍が発見されたとする。それ
    で、本人は自分の感覚によるのではなく概念的理解によっ

て胃に異常物があるということを分かる。こういう状況
で、ある日の朝目を覚めると自然に潰瘍のことが浮んで一
人でつぶやく。)一体(これ、それ、あれ)はどんな色をして
いるだろうか。

14. 犬は(この、その、あの)飼い主に似る。

15. (タクシに乗っているお客が10mぐらいの前に停めてほしい
と思って)
客：(そこ、あそこ)の煉瓦の建物の前に停めてください。
運転手：はい、(そこ、あそこ)の角のところですね。

16. A：山田先生を尊敬していらっしゃるそうですね。
B：はい、私も(この、その、あの)ような立派な研究者にな
れればと思って努力しています。

17. すぐ雨が上がりますから、(これ、それ、あれ)を待ちなさ
い。

18. 本国民たる要件は、法律で(これ、それ、あれ)を決める。

19. (昨日食べたフランス料理の味が忘れなくて、一人でつぶや
く。)(この、その、あの)料理はうまかったなあ。

20. A：私、車の免許を取りました。
B：へえ、(これ、それ、あれ)はいつのことですか。

21. (なんかの執筆を頼まれて、それに応じようか応じまいか
迷っているとする。その時あることが思い浮かんで,一人で
つぶやく。)うん、まあ(この、その、あの)ことでも書いて
みようか。

22. (手元にある写真を見ながらひとりでつぶやく。)(この、そ
の、あの)子はきれいだなあ。

23. (A, B両者の手元にある一つの人形をゆびさしながら)

A：これは妹の人形ですか。

B：いいえ、(これ、それ、あれ)は姉の人形です。

24. A：日本の面積について調べたいのですが。

B：(本を捜して)（ここ、そこ、あそこ)に書いてあります
よ。

A：じゃ、そこをコピーさせて下さい。

25. (債務返済の方法を心に浮かびながら一人でつぶやく。)(こ
れ、それ、あれ)ならなんとかいけるかなあ。

26. (空を飛んでいる鳥を見上げながら、一人でつぶやく。)(こ
の、その、あの)鳥のように飛ぶことができれば…。

27. A：金君ここに来ませんでしたか？

B：ええ、さっきそこの陸橋を渡って、(こちら、そちら、
あちら)のほうへ歩いて行きました。

28. A：写真をとりますから(ここ、そこ、あそこ)にいて下さ
い。

B：ここでいいですか。

　　　　　　　　　　　　　　−ご協力ありがとうございました。−

(2) 地の文が韓国語の選択肢テスト用紙

Ⅰ.

1. 性別：男・女

2. 学年：1・2・3・4 学年

3. 日本語学習歴（　）年（　）ヶ月

Ⅱ.

韓国語–다음（　）속의 둘 혹은 셋중, 맞다고 생각되는 하나를 골라 주
　　　십시오.(맞다고 생각되는 것이 둘인 경우에는 둘 다 골라도 좋
　　　습니다.)

日本語–次の（　）の中の三つ或いは二つのうち、正しいと思わ
　　　れる一つを選んでください。（正しいと思われるのが二
　　　つある場合、二つを選んでも結構です。）

1. (현관앞에 있는 처음보는 조그마한 상자를 만져 보면서 혼자서 중얼
　　거린다.)(これ、それ、あれ)は 何だ？

2. (지나가는 사람에게 길을 묻는 경우)ちょっとおたずねします
　　が、(ここ、そこ、あそこ)から駅まで遠いですか。

3. (먼 하늘을 날고 있는 비행기를 가르키면서…)
　　　子：(これ、それ、あれ)が飛行機なの？

　　　母：そうよ、(これ、それ、あれ)が飛行機だよ。

4. A：お出掛けですか。

　　B：はい、ちょっと (ここ、そこ、あそこ)まで。

5. A：写真を撮りますからそこにいてください。

　　B：はい、(ここ、そこ)でいいですか。

6. A：もしもし、今東京駅にいますが、雨が降ってきたので、
　　傘を持ってここまで迎えに来てください。
　B：わかりました。あと10分ぐらいしたら、(ここ、そこ、あ
　　そこ)に着くと思います。

7. (수영장의 건너편에 서 있는 여자를 쳐다보면서 혼자서 중얼거린
　다.)(この、その、あの)子はどこかで会ったなあ。

8. (아침에 눈을 떠 보니 또 눈이 이상했다. 자연히 자신의 백내장을 염
　려하며 혼자서 중얼거린다.)一体(これ、それ、あれ)はいつまで
　続くのだろう。

9. 私の中学時代、英語がすごく下手な人がいたんですが、(そ
　の、あの)人が今度英語の本を出したんです。

10. (日記で)きのう生協で可愛い女の子がレジをしていた。
　(その、あの)子は何年生だろうか。もう彼氏はいるのだろ
　うか。あしたは話しかけてみよう。

11. A：私が鈴子と離れたのはもう5年前ですよ。
　B：うん、そうね、(この、その、あの)頃はみんな若かった
　　ねえ。

12. (これ、それ、あれ)はだれにも言わないでほしいですが、
　　私は実は猫が怖いです。

13. (정밀검사 결과 위궤양이 발견되었다고 하자. 그러면 본인은 자기
　감각에 의해서가아니라, 개념적 이해에 의해서 위에 異常物이 있
　다는 것을 알게 된다. 이런 입장에서 어느 날 아침에 일어나니, 저
　절로 자신의 위궤양이 떠올라 혼자서 중얼거린다.)一体(これ、そ
　れ、あれ)はどんな色をしているだろうか。

14. 犬は(この、その、あの)飼い主に似る。

15. (택시를 타고 가던 손님이 10m정도 앞에서 세워 줄 것을 요구하
며 …)

客 : (そこ、あそこ)の煉瓦の建物の前に停めてください。

運転手 : はい、(そこ、あそこ)の角のところですね。

16. A : 山田先生を尊敬していらっしゃるそうですね。

B : はい、私も(この、その、あの)ような立派な研究者にな
れればと思って努力しています。

17. すぐ雨が上がりますから、(これ、それ、あれ)を待ちなさい。

18. 日本国民たる要件は、法律で(これ、それ、あれ)を決める。

19. (어제 먹은 프랑스 요리의 맛을 잊을 수 없어, 혼자서 중얼거린다.)
(この、その、あの)料理はうまかったなあ。

20. A : 私、車の免許を取りました。

B : へえ、(これ、それ、あれ)はいつのことですか。

21) (어떤 집필을 의뢰받아, 거기에 응할까 말까 망설인다고 하자. 그
때 무언가 생각이 떠올라 혼자서 중얼거린다.)うん、まあ(こ
の、その、あの)ことでも書いてみようか。

22. (바로 앞에 있는 사진을 보면서 혼자서 중얼거린다.)(この、そ
の、あの)子はきれいだなあ。

23. (A, B 두 사람의 바로 앞에 있는 인형을 가리키며)

A : これは妹の人形ですか。

B : いいえ、(これ、それ、あれ)は姉の人形です。

24. A : 日本の面積について調べたいのですが。

B : (本を捜して) (ここ、そこ、あそこ)に書いてあります
よ。

A : じゃ、そこをコピーさせて下さい。

25. (채무 변제 방법을 생각하며, 혼자서 중얼거린다.)(これ、それ、
    あれ)ならなんとかいけるかなあ。

26. (하늘을 날고 있는 새를 바라보며, 혼자서 중얼거린다.)(この、そ
    の、あの)鳥のように飛ぶことができれば…。

27. A：金君ここに来ませんでしたか？

    B：ええ、さっきそこの陸橋を渡って、(こちら、そちら、
    あちら)のほうへ歩いて行きました。

28. A：写真をとりますから(ここ、そこ、あそこ)にいて下さ
    い。

    B：ここでいいですか。

                    ーご協力ありがとうございました。ー

【資料 3】 現場指示のコの用例（自作及び先行研究の作例、教科書
の教材文等からの収集）─40個

1. <u>これ</u>君のじゃない？　　　　　　　　　　　　　　　（今井、1995:62）

2. （二人で音樂を聞きながら）

　　A：あ、<u>この</u>音樂、前に1度どこかで聞いたことがあります。

　　B：<u>これ</u>は「春」という曲です。（日本語表現文型200、2000:206）

3. 　二人が車から出た途端、大柄な黒人警官が近づいてきた。

　　片手に持った警棒でそばにある標識を指しながらその警官

　　が怒鳴った。「<u>これ</u>が読めんか!さっさと車を動かせ!」

　　　　　　　　　　　　　　　　　　　　　　　　（馬場、1992:33）

4. A：毎日<u>こんな</u>に雨が降っていやですね。

　　B：<u>こんな</u>天候、めずらしいですね。

　　　　　　　　　　　　　　　（日本語表現文型200、2000:206）

5. （携帯電話で）

　　A：もしもし、今どこにいるの？　そこはどこ？

　　B：<u>ここ</u>は横浜。いまTデパートのいるんです。

　　　　　　　　　　　　　　　（日本語表現文型200、2000:207）

6. 医者：（患者のお腹を触りながら）ここがいたい？

　　患者：はい、<u>そこ</u>がいたいんです。

7. 母：背中をかいてくれ。

　　子：<u>ここ</u>？

　　母：そう、<u>そこ</u>。　　　　　　　　　　　　（寺村他、1987:62）

8. <u>この</u>町は人口六万ぐらいしかないんだ。　　（匹田、1981:90）

9. A：それおいしそうですね。

　　B：はい、<u>これ</u>はとてもおいしいです。　（金水他、1989a:5）

10．A：<u>これ</u>は何の本ですか。

　　B：この本ですか。これは言語学の教科書です。

（金水他、1989a:8）

11．A：<u>これ</u>はなんですか。

　　B：それはパソコンです。<u>この</u>原稿も(そのパソコン/それ)で
　　　　作りました。 （金水他、1989a:11）

12．<u>これ</u>は日本語の教科書です。私は<u>これ</u>を使って毎日勉強し
　　ています。 （金水他、1989a:12）

13．高橋：金さん、<u>これ</u>は何ですか。

　　金：どれですか。

　　高橋：<u>これ</u>です。

　　金：それはソルロンタンです。　　（日本語会話1、1994:18）

14．A：どんなことを話していたかは、そこと<u>ここ</u>の間だろう

　　B：それが…優先のレコードを欠けておりましたし、〜

（高橋・鈴木、1982:29）

15．金：<u>この</u>写真はお兄さんですか。

　　高橋：えっ、どの写真ですか。

　　金：<u>この</u>写真です。この男の人はだれですか。

　　高橋：あっ、それは私の彼の写真です。

（日本語会話1、1994:23）

16．先生：<u>これ</u>は誰のテープですか。

　　吉田：それは私のテープです。

　　先生：<u>これ</u>も吉田さんのですか。

　　吉田：いいえ、それは私のじゃありません。

（文化初級日本語Ⅰ、1991:21）

17. 「さあもう返ってくれ、<u>こっち</u>は忙しいんだ。帰れよ!帰れ
　　よ!」二人を追い出しにかかる。　　　　　　（高橋・鈴木、1982:42）

18. Ａ：<u>これ</u>、何だか分かるかい？

　　Ｂ：<u>これ</u>かい。新型の万年筆だろう。　　　　　（匹田、1981:91）

19. <u>この</u>ボールペンは誰のですか。それは私のです。

　　　　　　　　　　　　　　　　　　（文化初級日本語Ⅰ、1991:25）

20. Ａ：いらっしゃいませ。御休憩ですか。

　　Ｂ：はあ…。

　　Ａ：さ、どうぞ。どうぞ、こちらへ。

　　Ｂ：<u>此処</u>でいいわ。　　　　　　　　　　　（高橋・鈴木、1982:42）

21. <u>この</u>青いかばんは誰のですか。そのかばんは私のです。

　　　　　　　　　　　　　　　　　　（文化初級日本語Ⅰ、1991:25）

22. <u>これ</u>はテレホンカードですか。はい、そうです。

　　　　　　　　　　　　　　　　　　（みんなの日本語1、1999:36）

23. <u>こちら</u>非常災害対策本部、長官をお願いします。

　　　　　　　　　　　　　　　　　　（高橋・鈴木、1982:43）

24. Ａ：あのう、<u>これ</u>、ほんの気持です。

　　Ｂ：どうも……。何ですか。

　　Ａ：コーヒーです。どうぞ。

　　Ｂ：どうもありがとうございまう。

　　　　　　　　　　　　　　　　　　（みんなの日本語1、1999:43）

25. りー：<u>これ</u>、なに。

　　山本：ああ、<u>これ</u>、もちつき器。

　　りー：ふうん。　　　　　　　　　　　　（日本語初中級、1997:117）

26. 客：すみません。そのチェックのブラウス、見せてくださ

い。

　　店員：<u>これ</u>ですね。どうぞ。

　　客：えっと、あそこにある水玉のもお願いします。

（日本語初中級、1997:118）

27.（美容院で）

　　店の人：どれくらい切りましょうか。

　　客：ちょっと短めにしてください。

　　店の人：<u>これ</u>ぐらいですか。

　　客：ええ、それくらいにしてください。

（日本語初中級、1997:119）

28. A：<u>この</u>ノートはあなたのですか。

　　B：いいえ、そのノートは私のではありません。

（日本語購読、1992:26）

29. A：それはえんぴつですか、ボールペンですか。

　　B：<u>これ</u>はボールペンです。　　　　（日本語購読、1992:26）

30.　A：<u>この</u>部屋の中にはなにがありますか。

　　B：テレビと机があります。　　　　（日本語購読、1992:32）

31. A：どれがポットですか。

　　B：ポットは<u>これ</u>です。　　　　（현대일본어연구Ⅰ、1995:49）

32. A：それは本ですか、辞書ですか。

　　B：これは本でも、辞書でもありません。雑誌です。

（현대일본어연구Ⅰ、1995:52）

33. 田中：あれ、また雨ですね。<u>この</u>かさは誰のですか。

　　島田：それは私のかさです。どうもありがとうございます。

（현대일본어연구Ⅰ、1995:61）

34. <u>この</u>絵はピカソによって描かれた。

（日本語中級J301、1997:67）

35. 山本：<u>この</u>かたはどなたですか。

　　金：そのかたはインドネシアのアリさんです。

（現代日本語、1993:9）

36. <u>この辺</u>では日さまはどっちからでるの？

（高橋・鈴木、1982:46）

37. 高橋：それはなんですか。

　　山田：<u>これ</u>ですか。<u>これ</u>はしろいふでいれです。

（大学日本語、1993:57）

38. 高橋：そのふでいれは大きいですか、小さいですか。

　　山田：<u>これ</u>は大きくも小さくもありません。ふつうです。

（大学日本語、1993:57）

39. A：<u>これ</u>もがっこうのしゃしんですか。

　　B：そうです。それもがっこうのしゃしんです。

（大学教養日本語、1993:21）

40. A：そちらはなんですか。

　　B：<u>こちら</u>はきょうしつです。　（大学教養日本語、1993:29）

【資料 4】 非現場指示コソアの用例（自作及び先行研究の作例、教科書の教材文等からの収集）−200個

−単純照応指示の先行文脈指示−

□ 一般的事柄指示

1. 今日、学校で先生から喫煙の有害性についての話があった。家に帰って<u>その</u>話しをしたら喫煙家の父は渋い顔をしていた。　　　　　　　　　　　　　　　　　　　（田中、1981:35）

2. 新方式の入試を行う市立大学が増えてきている。<u>これ</u>(<u>それ</u>)は、学生を獲得するための一つの方法であろう。

3. 向うの広い通りをまっすぐ行って、最初の信号を左に曲がり、100メートルほど行くと、小さなスーパーマーケットがあります。<u>その</u>スーパーの前が私のうちです。

　　　　　　　　　　　　　　　　　　　（日向・日比谷、1988:59）

4. きのう映画を見に行きました。<u>それ</u>(*あれ)はとても面白い映画でした。　　　　　　　　　　　　（上野他、1984:200）

5. 酒、醤油、砂糖、ごま油、化学調味料を混ぜ合わせて漬け汁を作り、<u>そこ</u>に下ごしらえした肉を漬け込みます。

　　　　　　　　　　　　　　　　　　　（金水他、1989:42）

6. A：1に1を足すと何でしょう？

　　B：<u>それ</u>は1でしょう。

　　A：なぜ？

7. 大郎は花子にプレゼントを渡そうとした。しかし、花子はそれを受け取らなかった。

8. A：お金を貸してください。

　　B：それは困りましたね。今持ち合わせがないんですよ。

9. 消費税をめぐる論議がテレビ、新聞で盛んに行われている
　　が、その論議は平行線のままで、何の実りもない。

10. 花子の子供は花子じゃないのに、人間の子供は人間だ。これはおもしろいね。

11. ここは女の子の部屋だ。このことを忘れるな。

12. A：米の自由化問題は大変だね。

　　B：ほんとうに、これ(それ)は大問題だ。　　　　　(姜、1997:71)

13. 転職は難しいものである。しかしながら、それは誰もが一
　　度は考えるものである。

14. 新方式の入試を行う市立大学が増えてきている。これ(それ)
　　は、学生を獲得するための一つの方法であろう。

15. …もちろん、あらゆるものから何かを学び取ろうとする姿
　　勢を持ち続ける限り、年老いることはそれほどの苦痛では
　　ない。これは一般論だ。…　(村上春樹『風の歌を聴け』冒頭)

16. 庭でチー、チーという鳥の鳴声がした。それははじめて聞
　　く鳴声であった。　　　　　　　　　　　(馬場、1992:36)

17. 結婚はまず、出会いから始まります。その出会いのきっか
　　け作りとして、最近では地域が主催するお見合いパーティ
　　が増えてきています。地元の人同士で結婚することで、若
　　者に定着してほしいという願いがあるようなんです。

　　　　　　　　　　　　　　　(NHKニュース，現代結婚情報)

18. まだ帰ってこないところを見ると、これは何か事故に遭っ
　　たのかもしれない。

19. 清水さんのおかげで、ようやく家に帰り着くことができました。私は<u>この</u>時初めて、人の親切の有り難さをしみじみと感じました。

20.（日本に留学する学生に）

先生：言葉というのは、<u>その</u>国の文化と大きな関わりがありますから、文化も学ばなければなりませんよ。

学生：はい。

先生：文化的な違いで、理解できないことがあるかも知れません。でも、<u>そんな</u>時も恥ずかしがらずに、どんどん質問すればいいんです。<u>そんな</u>質問ができるくらい仲のいい友だちを見つけてください。

学生：はい。先生、日本で修士号を取ったら、<u>その</u>時は一番に先生にご報告します。

先生：待っていますよ。頑張ってください。

21. ここは女の子の部屋だよ。<u>この</u>ことを忘れるな。

22. A：お金を貸してください。

B：<u>これ</u>は困りましたね。今持ち合わせがないんですよ。

23. 子供が重い病気、難病にかかったときに、<u>その</u>治療と看護をどうするのか、親にとっては大きな問題となっています。　　　　　　　　　　　　　　　（NHKニュース、ファミリーハウス）

24.「完璧な文章などといったものは存在しない。完璧な絶望が存在しないようにね。」

僕が大学生のころ偶然に知り合ったある作家は僕に向かってこういった。ぼくが<u>その</u>本当の意味が理解できたのはずっと後のことだったが、少なくとも<u>それ</u>をある種の慰めとしてとることも可能であった。

（村上春樹『風の歌を聴け』冒頭）

25. 日本人は、アメリカ人に対する関心が非常に高い。<u>これ</u>に
　　対してアメリカ人の日本に対する認識は相対的に低いと
　　言ってよい。　　　　　　　　　　　　　　　（今井、1995:62）

26. A：風邪を引いてしまいましてね。

　　B：<u>そりゃそりゃ</u>いけませんですね。　　　（遠藤、1988:292）

27. 田中は女中の案内で、和風の部屋に通される。（<u>そこ</u>/??あ
　　そこ)の窓からは海岸が一望に見渡せた。（金水、1988b:125）

28. ついに1ドル200円になった。<u>これ</u>（<u>それ</u>）は大問題だ。

（堀口、1978b:38）

29. 捜査員は犯人のモンタージュ写真を手に、<u>その</u>行方を追い
　　始めた。　　　　　　　　　　　　　　　（金水他、1989:47）

30. 人は身に病があると、<u>此</u>病がなかったらと思ふ。

（林、1972:115）

31. 庭でチー、チー、という鳥の鳴声がした。<u>それ</u>は初めて聞
　　く鳴声であった。　　　　　　　　　　　　（馬場、1992:36）

32. 昨日姉がケーキを買ってくれた。今日も<u>それ</u>を買ってくれ
　　た。　　　　　　　　　　　　　　　　　　（馬場、1992:37）

33. 投獄された人でなければ、<u>ここ</u>がいかにひどい所であるか
　　実感としては分からないだろう。　　　　　　（馬場、1992:38）

34. 徳川幕府はその後二百六十四年続いたが、<u>その</u>間全国の大
　　名は代々家族と共に江戸に住むようになった。

（金、1992:16）

35. A：就職って一口に言うけど、<u>これ</u>（<u>それ</u>）、なかなか難しい

もんだね。

　　B：ええ。でも、<u>これ</u>(<u>それ</u>)って誰でも一度は考えるもので

　　　　しょう。　　　　　　　　　　　　　　　　（姜、1997:71）

36.　日本では、紫は三位以上の高貴の人のみに許された服色

　　で、<u>これ</u>を禁色と呼んだ。　　　　　　　　（姜、1997:71）

37.　あのね、ここに来たのは一週間前、<u>その</u>前はあたしたち横

　　浜駅の構内でホームレスしてたんです。　　　（姜、1997:82）

38.　名詞や動詞は<u>それ</u>だけで文の成分になれる。

　　　　　　　　　　　　　　　　　　　　　　（金水他、1989:41）

□ 同一性強調指示

1. 児童は、<u>これ</u>を酷使してはならない。

　　　　　　　　　　　　　　　　（日本国憲法 第二十七条）

2. 日本国民たる要件は、法律で<u>これ</u>を決める。

　　　　　　　　　　　　　　　　　　（日本国憲法 第十条）

3.　華族その他の貴族の制度は、<u>これ</u>を認めない。

　　　　　　　　　　　　　　　　　（日本国憲法 第十四条）

4. 犬は<u>その</u>飼い主に似る。

5. 私は彼の絵を見て<u>その</u>才能に感嘆した。

6.　一目会った<u>その</u>日から愛の花咲くこともある。

　　　　　　　　　　　　　　　　　　　　（金水、1990a:64）

7.　事件を起こした<u>その</u>張本人が知らん顔をしている。

　　　　　　　　　　　　　　　　　　　　（金水、1990a:64）

8. 物の価値は<u>その</u>外見では分からない。　　（堀口、1978b:40）

9. 選手にその力を充分の発揮させる。　　　　　（堀口、1978b:40）

10. 近き世にその名きこえたる人。　　　　　　（堀口、1978b:40）

11. 十一月三日、この日は日本の文化の日だ。　　（金、1992:14）

12. 生活費が上がる。それが問題だ。　　　　　　（金、1992:16）

13. 箱があったので、それに入れた。

□ 仮定・予想指示

1. A：明日、試験があるらしいよ。

　　B：えーっ、それ(*これ)、ほんとう？　　　（迫田他、2001:9）

2. 受付に誰か人がいたら、その人の渡してください。

　　　　　　　　　　　　　　　　　　　　　　（金水、1988b:125）

3. あと十分も行くと喫茶店があるはずですから、そこで休憩し

　ませんか。　　　　　　　　　　　　　　　（金水他、1989:43）

4. すぐ雨が上がるから、それを待って出なさい。

　　　　　　　　　　　　　　　　　　　　　　（堀口、1978b:39）

5. そうすればお金がなくなるでしょう。その時どうします

　か。

6. 人を見たら、それを泥棒と思え。　　　　　（堀口、1978b:39）

7. もし適当な候補者が見つかったら、その人の名前を知らせて

　ください。

8. 患者：先生、これを飲めば、すぐ熱が下がるでしょうか。

　医者：ええ、だいじょうぶです。もし熱が1時間経っても下

　　　　がらなかったら、その時、また電話してください。

9. 箱があったので、それにいれた。　　　　　（堀口、1978b:39）

10. 私は棲むつもりないからね。それにお父さんはお姉さんさ

んと棲めばそれでいいの。　　　　　　　　　　（姜、1997:73）

11. トンネルを抜けるとそこは雪国だった。　　　（姜、1997:81）

12. 1週間くらいで品物が届きますから、その時に料金支払いの
　　手続きをしてください。　　　　　　　　（金水他、1989:35）

−単純照応指示の後行文脈指示−

1. A：これ(*それ)、課長から聞いたんだけど、近々人事異動の
　　　発表があるらしいよ。

　　B：そうなんですか。ぼく、心配だなぁ。　　（迫田他、2001:9）

2. これはだれにも言わないでほしいですが、私は実は猫が怖
　　いです。　　　　　　　　　　　　　　　（金水他、1989:46）

3. たとえば、こんな話がある。ある日本の技術指導者がイン
　　ドに始めて行き、インド人を使って仕事を始めた。

　　　　　　　　　　　　　　　（中根千枝『適応の条件』）

4. そのとき彼はこう言ったんです。「ぼくがやってみるよ。」

　　　　　　　　　　　　　　　　　　　　　（今井、1995:62）

5. このことについてはあなたが詳しいと思うので聞きたいんだ
　　けど、株はこれからどうなると思う？　　　（今井、1995:62）

6. このこと誰にも話さないと言うなら教えてあげてもいいけ
　　ど…　　　　　　　　　　　　　　　　　　（姜、1992:59）

7. これは私が小さいときに村の茂平というおじいさんから聞い
　　た話です。　　　　　　　　　　　　　　　（金、1992:14）

-相対的話題指示の共有のア型-

1. リー：犬山城の遠足、いいお天気でよかったですね。

   スミス：ほんとに樂しかったですね。あそこで撮った写真、
   　　　　　できましたよ。

   リー：わあ、見せてください。　　　（日本語初中級、1997:122）

2. チャン：おいしい焼きそば、食べたいね。

   ヤン：この前、学校の帰りにみんなで行ったところは。

   チャン：ああ、あの店、いいね。　　（日本語初中級、1997:122）

3. 良子：明日、新宿駅の東口で待ち合わせをしましょう。

   京子：あそこは人が多すぎるから、別の所にしましょう。

   　　　　　　　　　　　　　　　（文化初級日本語Ⅱ、1991:65）

4. A：どこでお昼ごはんを食べましょうか。

   B：学校の食堂はどうでしょうか。

   A：あそこは人が多いから、外の店へ行きませんか。

   　　　　　　　　　　　　（文化初級日本語練習問題集、1991:28）

5. A：田中さんは本当に親切な人ですね。

   B：そうですね。私もあの人はいい人だと思いますよ。

   　　　　　　　　　　　　（文化初級日本語練習問題集、1991:28）

6. A：私が鈴子と離れたのはもう5年前ですよ。

   B：うん、そうね、あの頃はみんな若かったねえ。

7. A：前に私たちのクラスにタンさんという人がいたでしょ
   　　う。あの人を覚えていますか。

   B：ええ、あの人は今どこに住んでいるんでしょうね。

   　　　　　　　　　　　　（日本語表現文型200、2000:207）

8. A：きのうあった田中さんのことだけど、<u>あの</u>人、駅でずい
　　ぶん怒っていましたね。

　　B：ええ、<u>あんなに</u>怒っていたけど、<u>あそこ</u>で<u>ああ</u>言われて
　　も困りますね。　　　　　　　　（日本語表現文型200、2000:208）

9. ほら、戸棚の上に花柄の大きなお皿があったでしょ。<u>あれ</u>を
　　取ってきてよ。　　　　　　　　　　　　　　（金水他、1989:50）

10. A：そういえば、去年の試合ではひどい目にあったわね。

　　B：そうそう、<u>あの</u>日は朝から、ずっと雨が降っていました
　　ね。　　　　　　　　　　　　　　　　　　　（金水他、1989:51）

11. A：キムさん、日本語の試験、90点取ったそうよ。

　　B：<u>あんなに</u>勉強していたんだから、きっといい点を取ると
　　思ったわ。　　　　　　　　　　　　　（日向・日比谷、1988:62）

12. A：『わが輩は猫である』を読みました。

　　B：ああ、<u>あれ</u>はおもしろい小説ですね。　（金水他、1989:38）

13. チャン：この前、徳川美術館へ行ったんですけど。

　　鈴木：どうでしたか。おもしろかったですか。

　　チャン：ええ。<u>あそこ</u>でばったりスミスさん一家と会いま
　　した。　　　　　　　　　　　　　（日本語初中級、1997:123）

14. 武村が自殺したことは、<u>これ</u>(<u>あれ</u>)はほんとうに驚きまし
　　た。

15. A：<u>あの</u>件はどうなっていますか。

　　B：ああ、<u>あれ</u>は計画通りにうまく進んでますよ。

16. 千恵：だってさあ、星野達郎なんていう名前だから、どん
　　　　なかっこういい人が来るかと思ってたら…

　　薫：<u>ああいう</u>外見はね、結構いい人が多いのよ。

千恵：そ、いい人で終っちゃうのよ、<u>ああいう</u>人はね。

薫：星野さんに失礼でしょ。

千恵：じゃ、<u>あれ</u>と結婚する？

薫：私にするって。

千恵：あははは一、もう笑ったらお腹空いちゃったなあ。

（『百一回目のプロポーズ』より）

17. 昨日金君にあった。<u>あいつ</u>来月結婚するんだって。

18. A：山田先生を尊敬していらっしゃるそうですね。

B：はい、私も<u>あの</u>ような立派な研究者になれればと思って
努力しています。

19. A：<u>あの</u>件はどうなっていますか。

B：ああ、<u>あれ</u>は計画通りにうまく進んでますよ。

20. (電話での会話)

A：ところで、<u>あの</u>本もう読みましたか。

B：ああ、一週間前にお借りした本ですね。半分ぐらい読んだ
ところですが、なかなか面白いですね。　（金水他、1988:39）

21. 昨日金君にあった。<u>あいつ</u>来月結婚するんだって。

22. (手紙)

まり子へ

ご無沙汰しています。皆さん、お元気ですか。相変わら
ず、お仕事おいそがしいですか。…(中略) アメリカの大学
での勉強は、考えていたよりずっとたいへんです。なぜ、
30才にもなってこんなにつらい思いをしているのかと思い
ます。でも、OLをやめて自分で選んだ道だから仕方ありま
せん。ときどき、まり子とよく行った池袋のラーメン屋さ

んを思い出します。<u>あそこ</u>の醤油ラーメンが食べたいです
ね。　　　　　　　　　　　（ペアで覚えるいろいろな言葉）

23.　A：昨日金君にあった。<u>あの</u>人はずいぶん変わった人だね。
　　　B：<u>あいつ</u>は変人ですよ。

24.　昨日君といっしょに田中さんと会ったけれど、<u>あの</u>時彼は
　　　何を着てた？

25.　メイちゃーん
　　　A：メイちゃーん。
　　　B：メーイ! メイ、戻ってきた？
　　　A：バス停にもいなかった？
　　　B：うん。
　　　A：おかしいなあ。どこに行っちゃったんだか。
　　　B：さっき、メイとけんかしたの。だって、メイったら…。
　　　　　<u>あの子</u>、お母さんの病院に行ったんじゃないかしら。

　　　　　　　　　　　　　　　（ビデオ:となりのトトロ）

26.　論文探し
　　　学生：先生、アスペクトと福祉の関係について書いたいい
　　　　　　論文はありませんか。
　　　先生：きみ、「ケーススタディ日本文法」を持っているだろ
　　　　　　う。
　　　学生：ええ。
　　　先生：<u>あの</u>本の巻末に参考文献が載っているから、それを
　　　　　　みたら。

27.　レポート
　　　A：田中先生のレポート、書いた？

　　B：うーん，まだ書いてない。どうしよう。

　　A：とにかく、枚数を揃えるしかないよ。<u>あの</u>先生、しさえ
　　　　すれば、単位はくれるから。

28. 田窪：この前会ってくれた、鈴木さんね。

　　木村：うん

　　田窪：(<u>あの</u>/?その)人、お礼の印にいっぱいおごるから、君
　　　　　を誘ってほしいと言ってたよ。　　　（金水、1990a:63）

29. A：きのう見た映画おもしろかったですね。

　　B：ええ、<u>あれ</u>はすばらしかったですね。　　（今井、1995:68）

30. 矢張：君はいったい、<u>あの</u>人のなんだね。

　　第三の男：<u>あの</u>人とは。

　　矢張：白ばくれちゃいけない、鹿ちゃんのことだ。

　　第三の男：ああ…<u>あの</u>人は信者です。自分も信者です。

　　　　　　　　　　　　　　　　　　　　　（阪田、1971:135）

31. 隅田の研究では、自分もどれだけ苦勞したか知れない。<u>あ
　　の</u>ときのこと、<u>あの</u>織りのこと、と過ぎ去ったことを思う
　　と、苦しかった昔がなつかしく返ってくる。

　　　　　　　　　　　　　　　　　　　　　（阪田、1971:136）

32. A：<u>あの</u>料理はうまかったですね。

　　B：ええ、<u>あれ</u>はどこのレストランにも負けませんよ。

　　　　　　　　　　　　　　　　　　　　　（金水、1988b:124）

33. 山田さんを待っているのです。<u>あの</u>人のことだからきっと
　　遅れてくるでしょう。　　　　　　　　　（黒田、1979:52）

34. <u>あの</u>とき着ていたのは、たしかその服だったな。

　　　　　　　　　　　　　　　　　　　　　（堀口、1978b:33）

35. Ａ：君、あの件片付いたかい

　　Ｂ：はい、片付きました　　　　　　　　　　　（堀口、1978b:34）

36. 二階にかばんがおいてある。あれを持って来てくれ。

　　　　　　　　　　　　　　　　　　　　　　　　（堀口、1978b:34）

37. Ａ：秋に弟が日光に行きます。

　　Ｂ：ああ、あそこはいい所だよ。　　　　（堀口、1978b:36）

38. きのう君と一緒に田中さんと会ったけれど、あのとき彼は
　　なにを着てた。　　　　　　　　　　　　　　（田窪、1987:106）

39. あの有名な夏目漱石の「猫」　　　　　　　　　（姜、1992:57）

40. Ａ：花子さんには、二年前に東京で会いました。あなたも一
　　　　緒でしたね。

　　Ｂ：あのときは花子さんもまだ元気でしたが。（姜、1992:65）

41. あれ以来お酒はもうやめました。　　　　　　　（金、1992:17）

42. 私の娘ですが、あれはなにも知りませんから、いろいろ教
　　えてやってください。　　　　　　　　　　　　（金、1992:18）

43. あの人に聞いてからでないと、何とも言えないわ。

　　　　　　　　　　　　　　　　　　　　　　　　（金、1992:18）

44. あの人のことだから、心配ないと思いますが…

　　　　　　　　　　　　　　　　　　　　　　　　（金、1992:18）

45. あの有名なダイアナ妃が交通事故で死ぬなんて信じられな
　　い。　　　　　　　　　　　　　　　　　　　　（姜、1997:60）

46. 踏切の所へ行くとあの通せん棒が降りてきた。

　　　　　　　　　　　　　　　　　　　　　　　　（姜、1997:60）

47. あの時、あなたに助けていただいて、ほんとうにうれし
　　かったです。　　　　　　　　　　　　　（金水他、1989:34）

48.（<u>あの</u>子との結婚式）

　　息子：お父さん。ぼく、彼女と結婚しようと思ってるん
　　　　　だ。
　　父：え？ 彼女って？
　　息子：ほら、この前、家に連れてきただろ。<u>あの</u>子だよ。
　　　　　ぼくたち、ウィーンで結婚式を挙げようと思うんだ
　　　　　けど…。　　　　　　　　　（なめらかの日本語会話）

－相対的話題指示の非共有のソ型－

1. A：連休でハワイに行ってきたよ。
　 B：<u>それ</u>(*あれ)はよかったですね。ぼくも言ってみたいと
　　　思っているんですが。　　　　　　　　　（迫田他、2001:9）
2.　友だちの家に遊びに行きました。<u>その</u>(*あの)友だちはフラ
　　ンス人です。　　　　　　　　　　　　　（迫田他、2001:10）
3.　私の勉強は私の生まれたところで始めました。<u>そこ</u>(*あそ
　　こ)の後は、だんだん…。　　　　　　　　（迫田他、2001:10）
4.　私が知っているアメリカ人との話をしてね、<u>その</u>(*あの)
　　人、日本語を聞くのはできますけど、…。

　　　　　　　　　　　　　　　　　　　　　（迫田他、2001:10）
5. スミス：たこ焼きっておいしいですね。
　　りー：えっ、<u>それ</u>、何ですか。
　　スミス：魚の形の食べ物で、中にあんこが入っているんで
　　　　　　す。　　　　　　　　　　（日本語初中級、1997:122）
6. スミス：日本語のビデオが見たいんですが。

鈴木：国際センターの図書室にありますよ。

スミス：ああ、そうですか。

鈴木：<u>そこ</u>の受付に石田さんという人がいますから、<u>その</u>人に聞いてください。

スミス：石田さんですね。ありがとうございます。

（日本語初中級、1997:123）

7. 良子：明日、銀河亭で待ち合わせをしましょう。

   京子：<u>その</u>店はどこにあるんですか。

（文化初級日本語Ⅱ、1991:65）

8. アルン：トムヤムクンを食べたことがありますか。

   京子：いいえ、<u>それ</u>はどんな食べ物ですか。

   アルン：とても辛いタイのスープです。

（文化初級日本語Ⅱ、1991:65）

9. 学生：いつも隣の部屋の人が宿題を手伝ってくれるんです。

   先生：そうですか。<u>その</u>人は日本人ですか。

   学生：いいえ。　　　　　　（文化初級日本語練習問題集、1991:28）

10. A：キンカンを食べたことがありますか。

    B：いいえ。<u>それ</u>は日本料理ですか。

    A：いいえ、くだものです。

（文化初級日本語練習問題集、1991:28）

11. きのう山田さんという人に会いました。<u>その</u>人、道に迷っていたので助けてあげました。　　　　　（寺村他、1987:62）

12. 私の友人に山本という男がいるが、<u>こいつ</u>/<u>そいつ</u>はたいへんなけちん坊として有名だ。　　　　　（寺村他、1987:62）

13. A：山田太郎先生って、どんな方でしたか。

B：<u>その</u>(あの)先生はとてもやさしかった。

14. 僕は大阪で山田太郎という先生に教わったのですが、<u>その</u>(*
あの)先生が僕に哲学の道を薦めてくださったんです。

(迫田、1996:50)

15. 学生：先生は孝という食堂ご存じですか。

先生：いいえ、知りません。<u>その</u>店は和食に店ですか。

16. 昨日中学時代の友達に会ったんですが、<u>その</u>人(この人)が
就職口を探してくれると言ってくれました。

17. A：林さんが見えませんね。

B：林さんですって？<u>その</u>方、どういう方ですか。

18. A：私、前、生け花を習ってたのよ。

B：へえ、<u>それ</u>はいつのことですか。　　　(金水他、1989:50)

19. A：スリにあったというのはあなたですか。

B：はい。

A：じゃ、恐れ入りますが、<u>その</u>時のことを詳しく話してく
ださい。　　　　　　　　　　　　(金水・田窪、1990:37)

20. A：私、今度北海道の帯広という町へ引っ越しするの。お母
さんの話によると、<u>その</u>町では、一年中スキーができる
んだって。

B：わぁー、いいねー。私もその町に遊びに行きたいなあ。

21. A：昨日市役所の鈴木哲朗という人に会って話をしました。

B：<u>その</u>人、友達なんです。

22. 総務課に山田って言う人がいるから、<u>その</u>人に聞いてみた
ら？

23. 私の中学時代、英語がすごく下手な人がいたんですが、そ

261

の人が今度英語の本を出したんです。

24. A：小学校の時に好きな先生が一人だけいます。その先生は
　　　　若い先生でしたが、私たちに本のおもしろさを教えてく
　　　　ださいました。

　　 B：きっといい先生だったんでしょうね。

25. A：きのう駅で友だちにあったんです。

　　 B：その人はあなたと同じ学校の人ですか？

（日本語表現文型200、2000:207）

26. 夏休みに国に帰って友だちに会いました。その友だちも来
　　 年日本にくるそうです。　　　　（日本語表現文型200、2000:208）

27. 先月静岡県の海に行きました。そこには家族で毎年行きま
　　 す。　　　　　　　　　　　　　（日本語表現文型200、2000:208）

28. きのう国の友だちから手紙が来ました。それには、その友
　　 だちの仕事のことがいろいろ書いてありました。

（日本語表現文型200、2000:208）

29. 去年の1月からのある日、私は長野に行きました。その日は
　　 大雪でした。　　　　　　　　　（日本語表現文型200、2000:208）

30. 最近、携帯電話を使う人が多くなりました。今日はこのこ
　　 とについて少し話し合ってみました。

（日本語表現文型200、2000:209）

31. 先月の15日、私はやんさんと海に行きました。この日は私
　　 の誕生日だったので、…　　　（日本語表現文型200、2000:209）

32. 駅の裏手のホテルが一部屋だけ空いていたんで、そこに泊
　　 まったのよ。　　　　　　　　　　　（金水・田窪、1990:137）

33. 昨日、山田さんという人にあったんだ。その人オリンピッ

クに出たことがあるんだって。　　　　　　（久野、1973:186）

34. 私はアメリカのエルセリートという町に住んでいます。<u>この</u>町は小さいけれども静かで人々がとても親切です。機械があったら遊びに来てください。

35. A：スミスさんをご存じですか。

　　B：お名前はうかがったことはあるんですが、お目にかかったことはないんですよ。

　　A：いやあ、<u>この</u>人が日本語が上手なんですよ。とてもアメリカ人とは思えないほどなんですよ。

（日向・日比谷、1988:59）

36. 前畑が優勝したことは、<u>これ</u>は大ニュースだった。

37. A：林さんが見えませんね。

　　B：林さんですって？　<u>その</u>方、どういう方ですか。

38. A：クリスマス会のプレゼント、もう買った？

　　B：いや、<u>それ</u>がまだなんだ。

　　A：ぼく、もう買ったよ。クイズの本、買った。

　　B：<u>その</u>本どこで買ったの？

　　A：駅の近くに、新しい本屋ができたんだ。漫画もあるよ。学校が終わっから、その本屋へ行ってみよう。

39. A：昨日、中学時代のバレー部の先輩に会ったんだけど、<u>その</u>先輩は小さい子供5人いっしょで、びっくりしたわ。

　　B：僕たちも早く赤ちゃんがほしいね。

40. 僕は今同級生の順子という女の子とつきあってんだ。<u>その</u>（<u>この</u>）子は、今まで付き会ったどの女の子より、話していて樂しいんだよ。

41. 私には、酒好きという変わった名前の友人がいる。この人
　　（その人）は、名前とは逆に、一滴も酒が飲めない。

42. 田中：小川さん，今年のお正月はどこかへ行きましたか。
　　小川：ええ、びわ湖の近くの長浜というところへ行ってき
　　　　　ました。その町まで自動車で7時間もかかりました。
　　田中：へえー、それでその町はどうでしたか。
　　小川：静かで、とてもきれいな町でしたよ。

43. 父は、旅行先で事故にあって、生死の境をさまよった。こ
　　の時（その時）私は母のおなかの中にいた。（金水他、1989:36）

44. クイズの本
　　A：クリスマス会のプレゼント、もう買った？
　　B：いや、それがまだなんだ。
　　A：ぼく、もう買ったよ。クイズの本、買った。
　　B：その本どこで買ったの？
　　A：駅の近くに、新しい本屋ができたんだ。漫画もあるよ。
　　　　学校が終わってから、その本屋に行ってみよう。

45. 窪田：私の知人で鈴木と言って、中国語の敬語体系につい
　　　　　て知りたいと言ってる人がいるんだ。
　　木村：へえ
　　田窪：一度、（*あの/その）人にあって、話をしてやってくれ
　　　　　ないか。　　　　　　　　　　　　　　（金水、1990a:63）

46. A：おいしいレストランを見つけたんですが、いっしょに
　　　　行ってみませんか
　　B：ええ、それはどこにあるんですか。　　　（今井、1995:68）

47. A：今度の会合には、山田さんが来るよ。

　　　B：え、山田さん？　誰ですか、その人。　　（金水、1988b:124）

48. 山田さんという人を待っているのです。その人はきっと遅
　　れてくるでしょう。　　　　　　　　　　　　（黒田、1979:53）

49. 君は大阪で山田太郎という先生に教わったそうだけど、そ
　　の先生は講義が上手かい。　　　　　　　　　（黒田、1979:53）

50. 私は昨日本を一冊買ひました。その本は大変おもしろい本
　　でした。

51. 先週「氷点」という小説を読んだが、その小説はとてもおも
　　しろかった。　　　　　　　　　　　　　　　（高、1986:221）

52. A：昨日友達と京都に行きました。

　　B：それはよかったですね、その友達は田中さんですか。

　　　　　　　　　　　　　　　　　　　　　　　（堀口、1978b:35）

53. A：風邪を引いてしまいましてね。

　　B：そりゃそりゃいけませんですね。　　　　（姜、1992:60）

54. 門の前に一人の男が立っていた。その男は私が出ていくと
　　近づいてきた。　　　　　　　　　　　　　　（姜、1992:62）

55. 先週の日曜日に山へ行った。その日はたいへん天気だっ
　　た。　　　　　　　　　　　　　　　　　　　（金、1992:15）

56. 相手：きのう、夜道で転んでしまいました

　　自分：あたまのけがはその時のものですね。

　　　　　　　　　　　　　　　　　　　　　　（金水他、1989:35）

57. 迷子になった私は、人混みの中でぎょろぎょろしていまし
　　た。その時(この時)一人の若い女性が私に近づいてきたの
　　です。　　　　　　　　　　　　　　　　　（金水他、1989:35）

-相対的話題指示の非共有のア型-

1. 今日デパートで言いバッグ見つけたの。あんなの前からほしいと思ってたの。ねえ、<u>あれ</u>買ってもいい？

　　　　　　　　　　　　　　　　　　　　　　　　（今井、1995:66）

2. A：強盗に襲われたときはどんな気持でしたか。

　B：いやー，<u>あの</u>時は、ただもう怖くてね、声も出なかったね。

3.　A：この本、ミーラという人が書いたそうなんですが、どこの人ですか。

　B：君、<u>あの</u>先生を知らないのか？　（金水・田窪編、1992:12）

4. 総務課に山田っていう人がいるから、<u>あの</u>人に聞いてみたら？　　　　　　　　　　　　　　　　　　　　　（迫田、1996:50）

5. 僕は大阪で山田太郎という先生に教わったんだけど、君もあ<u>の先生</u>につくといいよ。　　　　　　　　　　　（黒田、1979：55）

6. 総務課に山田っていう人がいるんだけど、<u>あの</u>人、ギターが上手でね、ときどき小さい喫茶店でコンサートを開くのよ。　　　　　　　　　　　　　　　　　　　　　　　（迫田、1996:50）

7. (友だちの話)

　女性A：ちょっと、最近誰かと付き合っているんだって？

　女性B：そうなの。先月から付き合いはじめたんだけど、<u>あ</u><u>の人</u>ったら、付き合ってまだ一ヶ月も立たないのに、もう亭主気取りなのよ。嫌になっちゃう。

　女性A：…じゃあ、別れれば。

　女性B：でも、<u>あの</u>人、やさしいところもたくさんあるのよ。

女性A：…そりゃ、よかった。

女性B：なんか、私に冷たくない？

女性A：べつに。

8．A：先生が学生だったときには、どのように勉強されたのですか。

B：<u>あの/その</u>頃は本がなくてほんとうに苦労しました。

（今井、1995:66）

9．A：山口百恵が三浦友和と結婚するって新聞に出てたわよ。

B：山口百恵って誰。

A：あんた<u>あの</u>歌手を知らないのか。　　　（姜、1992:64）

−独立的話題指示−

1．（昨日食べたフランス料理の味が忘れなくて一人でつぶやく）<u>あの</u>料理はうまかったなあ。　　　　　（金水、1988b:124）

2．（日記）子供の頃のことをよく思い出す。<u>あの</u>頃は樂しかった。

（日本語表現文型200、2000:209）

3．（自分の母のことを思い出しながら）日本に来てから考えたら、<u>あんな</u>いいお母さんいなかったと思う。　（迫田、1996:8）

4．（日記で）きのう生協で可愛い女の子がレジをしていた。<u>あの</u>子は何年生だろうか。もう彼氏はいるのだろうか。あしたは話しかけてみよう。

5．A：バスの中で、素敵な人にあったわよ。

B：ふふん。

A：<u>あの</u>人にもう一度会えないかしら。

（現代日本語コース中級Ⅱ、1989:235)

6. （精密検査の結果、胃の潰瘍があることが発見されたとす
   る。すると自分は自分の感覚によってではなく、概念的理
   解によって自分の胃に異常物があることを知っていること
   になる。そこで例えばある朝目が覚めて,この潰瘍のことが
   心に浮かび)一体<u>それ</u>はどんな色をしているのだろうか。

（黒田、1979:47)

7. 今朝駅前で事故があったんだ。<u>あの</u>様子じゃ運転手も怪我し
   たんじゃないかな。（今井、1995:66)

8. （自分の母のことを思い出しながら)日本に来てから考えた
   ら、<u>あんな</u>いいお母さんいなかったと思う。（迫田、1996:8)

9. （新聞に乗っていた自分の友だちのすばらしい評論のことを
   思い出しながら一人でつぶやく)<u>あいつ</u>はとにかく文章がう
   まいな。

10. 先週神田で火事があった、<u>あの</u>火事で学生が二人死んだの
    か。（黒田、1979:54)

11. <u>この</u>辛い気持誰も分からないだろう。（姜、1992:55)

12. 最近、UFOに関する記事が新聞や雑誌に多く載っている
    が、一体<u>それ</u>はどこから飛んでくるのだろう。

（正保、1981:56)

13. うん、まあ、<u>あの</u>ことでも書いてみるか。（姜、1992:55)

14. あの頃はよかったよな…
    女性：あなたの田舎って、たしか北海道よね。
    男性：ああ、北海道はいいよ。自然も豊かで、空気もうま
    い。

女性：でも、最近は観光客が多くなって、ごみも増えてき
　　　たって聞いたけど…。

男性：そうなんだよ。ぼくが小さい頃は、川なんか本当に
　　　きれいでね、魚がたくさんいたんだ。あの頃はよ
　　　かったよな…。

15. (定年退任になった担任の先生の代わりに新しい先生が赴任
　　するということを聞いて)その先生はどんな先生なんだろ
　　う。　　　　　　　　　　　　　　　　　　　　(姜、1997:47)

16. (何日か前たまたま擦れ違いながら挨拶をしてきた人を思い
　　出して)一体あの人は誰なんだろう。　　　　　(姜、1997:53)

-参考:非現場指示の混合型の例文-

1. あんなに練習したのに…
　　朝10時頃、早稲だ大学へ行った。発表は11時半からだった
　　が、スライドを使うので、それをチェックするために早く
　　行ったのだ。…(中略) スライドを見せ、例を挙げながら説明
　　しようと思ったのに、ピントが合わない。チェックしたとき
　　には問題なかったのに…。ピントを合わせるのに2分もか
　　かってしまった。レジュメとスライドのことですっかりあ
　　がってしまい、あんなに練習したのに、うまく発表できな
　　かった。　　　　　　　　　　　　(ペアで覚えるいろいろな言葉)

2. 鈴木：渥美清って、知ってますか。

　　ちゃん：だれですか、その人。

　　鈴木：「寅さん」の映画の主役ですよ。

ちゃん：ああ、<u>あの</u>人ですか。おもしろいですね、<u>あの</u>映
　　　画。（日本語初中級、1997:121）

3.（思い出のレストラン）

母：六本木のどこで食事をしたの？

良子：銀河亭っていう古くて素敵なレストランよ。

母：あら、銀河亭？知っているわ。昔は父さんによく連れて
　　行ってもらったのよ。ねえ、お父さん、覚えています
　　か、<u>アノ</u>店。

父：うんうん、<u>アソコ</u>へはよく行ったなあ。<u>アノ</u>頃は西洋料
　　理の店が今よりずっと少なかったから、いつも込んでい
　　たね。

良子：今日も満員だったわ。<u>アノ</u>店は狭いから…。

弟：僕も<u>ソノ</u>店へ行ってみたいなあ。どんなところなの、<u>ソ
　　コ</u>。

父：<u>ソコ</u>はね、最近のレストランとは少し違うんだよ。クラ
　　シックな感じなんだ。

良子：今度みんなで一緒に行きましょう。

　　　　　　　　　　　　　　　　（文化初級日本語II、1991:64）

4.りー：待ち合わせの場所、どこにする。

山本：そうねえ。オアシスはどう。

りー：<u>それ</u>、どこにあるの。

山本：中田ビルの一階。

りー：ああ、あそこね。　　　　　　（日本語初中級、1997:121）

5.（水野先生の授業）

A：ねえ、今年、水野先生の授業取ってる？

B：うん。

A：前期、試験あるかどうか知ってる？

B：いやー、前期はないみたいよ。

A：よかったー。ねえ、<u>その</u>先生、出席取ってる？

B：ときどきね。ちか子、<u>あの</u>授業出てないの？

6. 一郎：きのう国会図書館へ行きました。

   リン：<u>その</u>図書館はどこにあるんですか。

   一郎：国会議事堂へ行ったことがありますか。

   リン：ええ、<u>あの</u>近くですか。

   一郎：そうです。<u>あそこ</u>から歩いて2、3分ですよ。

（文化初級日本語Ⅱ、1991:65）

7. （電子メールで）

お元気ですか。突然ですが、ロンドンでよく行ったデパートの名前、覚えていますか？<u>あの</u>時は、ただ近いというだけで、あのデパートに通っていましたが、<u>あそこ</u>、実は世界的に有名なデパートなんだそうです。

会社の同僚がこの連休にロンドンに行ってきたんだけど、<u>その</u>人が言うには、今では日本人の観光客でごった返していて、写真撮影が禁止されたほどだって。で、<u>その</u>人も私も肝心のデパート名を忘れちゃったので、もし山田さん、覚えていたら至急、メールください。

8. ファミコンが上手な子

   A：ぼくのクラスにあきら君って言う男の子がいるんだ。<u>その</u>子ね、ファミコンが上手なんだ。

   B：その子、新しいマンションに住んでいる子だろ？

A：うん、そうだよ。知ってるの？

B：知ってる、知ってる。遊びに行ったこともあるよ。<u>あの</u>子はお母さんが働いているから、いつも家で一人でファミコンしてるんだって。

9. あわてる

裕史：表にスケベそうなオッサンがうろうろしてたんで、「何かご用ですか」って言ったら、そそくさと逃げちゃった。

京子：<u>その人</u>、太ってて，サングラスかけてなかった？

裕史：そうそう，見るからに嫌らしそうなオッサンだった。

京子：そして、マスクしてたでしょう。

裕史：なんで、知っているの？

京子：<u>あの人</u>、私の父です。さっき、母から電話があって、そちらに向かったから、よろしくって。

裕史：そうですか。いやあ，道理で立派な紳士だと思いました。はは。

10. A：きのう、めずらしい石を拾ったんだ。

B：へぇ、どんな石。それ、今持ってる？

A：<u>あれ</u>/*それは、家において来ちゃった。（今井、1995：67）